MERIAN *live!*

W0059005

ABU DHABI

Birgit Müller-Wöbcke lebt mit ihrer Familie im Rheingau. Die Soziologin und Journalistin besuchte Abu Dhabi erstmals vor 20 Jahren. Seitdem ist sie jedes Jahr auf der Arabischen Halbinsel unterwegs.

 Familientipps

 Barrierefreie Unterkünfte

 Umweltbewusst Reisen

 FotoTipp

 Ziele in der Umgebung

 Faltkarte

Preise für ein Doppelzimmer mit Frühstück:	
€€€€	ab 1500 Dh
€€€	ab 1000 Dh
€€	ab 500 Dh
€	bis 500 Dh

Preise für ein dreigängiges Menü ohne Getränke:	
€€€€	ab 250 Dh
€€€	ab 150 Dh
€€	ab 50 Dh
€	bis 50 Dh

INHALT

◄ Wüstenimpression: Eine Karawane
durchquert das Meer aus Sanddünen.

Unterwegs in Abu Dhabi · 40

Touren und Ausflüge · 96

Wissenswertes über Abu Dhabi · 110

Karten und Pläne

Willkommen in Abu Dhabi

Zwischen Moscheen und Hochhäusern, altarabischen Souks und glitzernden Shoppingmalls vereint das Emirat am Arabischen Golf Tradition und zukunftsweisende Trends.

Marhaba in Abu Dhabi! Das Emirat fasziniert als Nebeneinander von spannenden Gegensätzen: ein Meer aus Sanddünen bis zum Horizont und eine Skyline aus Wolkenkratzern, luxuriöse Designhotels neben Wüstenresorts und Herbergen im pompösen Palaststil, lebhafte Souks und edle Shoppingmalls, Kamelrennen und Ferrari-Vergnügungspark.

Zwischen einst und heute

Die gleichnamige Hauptstadt ist eine vibrierende Metropole, eine Weltstadt, in der das Gestern präsent ist und sich die arabischen Traditionen mit westlichen Trends auf unnachahmliche Weise mischen.

Kulturelles Highlight ist der Ende 2017 eröffnete Louvre Abu Dhabi, ein Museum der Superlative und gleichzeitig das erste Universalmuseum der arabischen Welt: Für das Emirat ein wichtiges Element, um seine angestrebte Bedeutung als Kultur- und Wissensmetropole der Zukunft zu festigen und sich international als kulturell hochstehendes Reiseziel zu positionieren. Als flächenmäßig größtes der sieben Scheichtümer kann Abu Dhabi im Bemühen um internationale Touristen aus dem Vollen schöpfen: zum Emirat gehören über 200 kleine und kleinste Inseln, angefangen bei den stadtnahen Mangroveninseln über

◄ Spektakulär die Architektur, grandios die Kunstsammlung: der 2017 eröffnete Louvre Abu Dhabi (► S. 66).

Yas und Saadiyat Island, bis hin zu der im Westen gelegenen Sir Bani Yas, die vom einstigen Herrscher Sheikh Zayed als Natur- und Wildreservat ausgewiesen wurde. Schließlich ist es die Wüstenregion um die Oasen von Liwa, die mit bis zu 200 m hoch aufragenden Sanddünen den Rand der sagenhaften Rub Al Khali, der größten Wüste der Erde, prägen. Im Freilichtmuseum Heritage Village von Abu Dhabi-Stadt ist auf Schwarz-Weiß-Fotos noch zu sehen, wie die beduinischen Vorfahren vor weniger als einem halben Jahrhundert gelebt haben. Man erkennt die ungeheure Schnelligkeit des Wandels, von dem das Scheichtum erfasst ist und der es dank weitsichtig angelegter Ölmilliarden zu den reichsten Regionen der Erde macht.

Schwarzes Gold

Anders als Dubai begann das dank seiner Erdöleinnahmen reichste der Emirate erst spät, sich für den Tourismus als Einnahmequelle zu interessieren. 2009, auf dem Höhepunkt der Finanzkrise, die auch vor der Region nicht halt machte, unterstützte Abu Dhabi das Nachbaremirat Dubai gar mit 19 Mrd. US-Dollar. Im Gegenzug, so heißt es, revanchierte sich Dubai mit der Umbenennung eines 828 m hohen Wolkenkratzers, des höchsten Gebäudes der Welt, von Burj Dubai in Burj Khalifa und gab ihm den Namen des Herrschers von Abu Dhabi.

Als Besucher kann man die im Einklang mit arabischer Tradition geplanten Architektur-Highlights ge-

nießen, angefangen beim Hotel Emirates Palace, dem palastartigen Wahrzeichen des Emirats am westlichen Ende der Corniche, bis zur Sheikh Zayed-Moschee, der größten und schönsten der gesamten Halbinsel, in ihrer Wirkung höchstens dem indischen Taj Mahal vergleichbar.

Daneben lockt das riesige Warenangebot orientalischer Souks sowie westlich ausgerichteter Shoppingmalls. Hier begegnet man auch der einheimischen Bevölkerung, den »nationals« oder »locals«, wie sie sich selbst nennen. Sie haben sich rar gemacht im eigenen Land, der Ausländeranteil beträgt über 80 %. Nahezu jede körperliche Arbeit wird von Arbeitsimmigranten (»expatriates«), zumeist aus asiatischen Billiglohnländern, erledigt. Mit der internationalen Finanzkrise fielen die Preise am Golf, doch nach wie vor übt das Emirat eine starke Attraktivität auf ausländische Käufer aus. Diese schätzen – ebenso wie die ständig steigende Zahl internationaler Touristen – die geringe Kriminalität, die es erlaubt, sich überall und zu jeder Tageszeit sicher und unbeschwert bewegen zu können.

Grüne Vision

Öko-Aktivisten und Umweltschützer, die bis vor Kurzem noch eine gewaltige Energieverschwendung im erdölreichen Emirat anprangerten, pilgern heute nach Masdar. Die vom britischen Stararchitekten Sir Norman Foster geplante Öko-Stadt wird knapp 90 % ihrer benötigten Energie aus Photovoltaik-Anlagen beziehen, und die neue angeschlossene Universität erforscht und entwickelt Konzepte zur Nutzung erneuerbarer Energien. Marhaba in der Zukunft!

MERIAN TopTen

MERIAN zeigt Ihnen die Höhepunkte der Region: Das sollten Sie sich bei Ihrem Besuch im Emirat Abu Dhabi nicht entgehen lassen.

Wüste, so weit das Auge reicht, ein Fort wie aus dem orientalischen Bilderbuch und eine Moschee, deren Pracht Besuchern zugänglich ist: Abu Dhabi fasziniert mit außergewöhnlichen Landschaften und traditionsreichen Orten. In jüngster Zeit auch mit spektakulären Adressen wie einer Insel, die ganz im Zeichen der Formel 1 steht, und einem Eiland, auf dem die weltweit berühmtesten Architekten Museen entwarfen.

MERIAN TopTen 360°

Damit Sie sich vor Ort schneller orientieren können, finden Sie zu ausgewählten MERIAN TopTen auf den folgenden Seiten Umgebungskarten mit Restaurant-, Einkaufsempfehlungen und Tipps für weitere Sehenswürdigkeiten.

1 Corniche, Abu Dhabi-Stadt
Gigantische Wolkenkratzer und Meerespromenade mit Beach Clubs und Cafés (► S. 45, 52).

2 Emirates Palace, Abu Dhabi-Stadt
Ein luxuriöser Hotelpalast in orientalischem Stil als Superlativ (► S. 25, 43, 45).

3 Heritage Village, Abu Dhabi-Stadt
Wasserkanäle und Ziehbrunnen: So sah es in Abu Dhabi vor dem Ölboom aus (► S. 47, 52).

4 Sheikh Zayed Grand Mosque, Abu Dhabi-Stadt
Prachtentfaltung in der drittgrößten Moschee der Welt (► S. 48).

5 Saadiyat Island, Louvre Abu Dhabi
Ein Weltklasse-Museum und Traumstrände (► S. 43, 66).

6 Yas Island
Für Autobegeisterte: Formel-1-Rennstrecke und Ferrari-World-Vergnügungspark (► S. 43, 72).

7 Al Ain Wildlife Park, Al Ain
Größter und schönster Zoo der Arabischen Halbinsel (► S. 79).

8 Camel Market, Al Ain
Hunderte von Kamelen warten auf neue Besitzer (► S. 78).

9 Al Jahili Fort, Al Ain
Die imposante Fortanlage, Geburtsort des Staatsgründers, steht für Besucher offen (► S. 80).

10 Qasr Al Sarab Desert Resort, Liwa-Oasen
Das Wüstenschloss inmitten der Sanddünen bietet Wohnluxus und Wüstenerlebnis (► S. 90, 101).

360° Corniche, Abu Dhabi-Stadt

MERIAN TopTen

1 Corniche
Wolkenkratzer und eine kilometerlange Meerespromenade mit Beach Clubs und Cafés (▶ S. 45).

2 Emirates Palace
Ein Hotel – aber was für eines: Der in der Sonne rotgolden glänzende Palast ist gewaltig in seiner Wirkung, und im Inneren setzt sich die orientalische Prachtentfaltung weiter fort (▶ S. 45).
Corniche Road West

ESSEN UND TRINKEN

1 Mezlai
Eine der wenigen Gelegenheiten, in den VAE die emiratische Küche kennenzulernen – und das auf höchstem Niveau: Küchenchef Al Salem ist ein einheimischer Spitzenkoch (▶ S. 56).
Emirates Palace, Corniche Road West

2 Nova Beach Café
Ob zum üppigen Brunch, der Pasta zum Lunch oder einem Drink bei Sonnenuntergang: In den be-

quemen Korbsesseln mit Blick auf das Meer und den neuen Palast des Emirs genießt man relaxte Strandatmosphäre (▶ S. 59).
Corniche Road West, Corniche Beach, gate 3

AM ABEND

3 **Ray's Bar**
Im 62. Stockwerk in einem der spektakulären Etihad Towers befindet sich »die« Location, um mit Blick auf die himmelstrebenden Wolkenkratzer und die Pracht des Luxushotels Emirates Palace einen Cocktail zu trinken (▶ S. 65).
Hotel Jumeirah at Etihad Towers, Corniche Road West

AKTIVITÄTEN

4 **Jogging an der Corniche**
Mischen Sie sich unter die »expatriates« und die Einheimischen und joggen Sie bei Sonnenaufgang an der Corniche. Das gibt viel Sauerstoff und Inspiration für den Tag (▶ MERIAN Tipp, S. 19).
Corniche Road

360° Heritage Village, Abu Dhabi-Stadt

MERIAN TopTen

3 **Heritage Village**
Wasserkanäle und Ziehbrunnen: So sah es in Abu Dhabi vor dem Ölboom aus (▸ S. 47).

SEHENSWERTES

1 **Abu Dhabi Theatre**
Das auffällige weiße Bauwerk mit üppiger Mosaikverzierung und Kuppel ist Schauplatz kultureller Veranstaltungen, jedoch nicht immer geöffnet. Gleichwohl lohnt es sich, die Gelegenheit zu nutzen, wenn man in der Nähe ist, und sich das Bauwerk gegebenenfalls von innen anzusehen (▸ S. 52).
Breakwater

2 **Big Bus**
Sightseeing einfach gemacht: Die bedeutendsten Sehenswürdigkeiten der Stadt liegen Ihnen zu Füßen, wenn Sie in den im Obergeschoss offenen Bus steigen und immer dort aussteigen, wo es was zu sehen gibt (▸ S. 44).
Marina Mall

ESSEN UND TRINKEN

3 **Al Asalah**

Eine nette Überraschung nach dem Rundgang durch das Heritage Village ist das Café-Restaurant im arabischen Stil (▶ S. 59).

Heritage Village, Breakwater, Abu Dhabi Theater Road

4 **Havana Café**

Ob auf einen Mocktail, eine Shisha oder ein üppiges Dinner: Auf der Außenterrasse treffen sich seit Jahren Einheimische und »ex-patriats«. Legere Atmosphäre mit großartigem Blick auf Wasser und Skyline (▶ S. 59).

Breakwater, gegenüber Marina Mall

EINKAUFEN

5 **Marina Mall**

Die Zeltdach-Architektur und die gute Lage machen diese Mall zu einer der beliebtesten des Emi-rats. Luxusboutiquen und ein gro-ßer Carrefour-Supermarkt im Un-tergeschoss (▶ S. 62).

Breakwater

360° Sheikh Zayed Grand Mosque

MERIAN TopTen

4 **Sheikh Zayed Grand Mosque** Grandiose Prachtentfaltung zu Ehren Allahs in einer der größten Moscheen der Welt (▸ S. 48).

ESSEN UND TRINKEN

1 **Afyä Beach Lounge** Nehmen Sie Platz auf einem der Sessel am Sandstrand, serviert werden leckere Burger und frische Salate (▸ S. 58).
Bain Al Jessrain, Traders Hotel, Qaryat Al Beri

2 **Ushna** Nach Zimt und Koriander duftende Dhal-(Linsen-)Gerichte und die ganze Palette nordindischer Gerichte kommen hier auf den Tisch. Tipp: abends einen Platz auf der Außenterrasse am Wasser reservieren (▸ S. 58).
Bain Al Jessrain, Souk Qaryat Al Beri

EINKAUFEN

3 **Souk Qaryat Al Beri** Der Souk im Stil eines alten arabischen Marktes bietet Weih-

rauch-Parfümöle, »Abayas«, die Umhänge der emiratischen Frauen, Souvenirs und stimmungsvolle Cafés (▸ MERIAN Tipp, S. 18).
Bain Al Jessrain, Qaryat Al Beri, Between the Bridges

AM ABEND

4 **Chameleon Terrace**
Romantisch und ultra-chic: Die Lounge-Bar im Luxushotel Fairmont Bab Al Bah ist der richtige Ort, um nach Sonnenuntergang bei einem Cocktail und mit wun-

derbarem Blick auf das Wasser zu relaxen (▸ S. 64).
Khor Al Maqta, Hotel Fairmont Bab Al Bah

AKTIVITÄTEN

5 **Abendliche Bootsfahrt auf dem Khor Al Maqta**
Setzen Sie über: vom Souk Qaryat Al Beri zum abends traumhaft erleuchteten Hotel Ritz Carlton und wieder zurück zum Traders Hotel (▸ MERIAN Tipp, S. 21).
Khor Al Maqta

360° Saadiyat Island, Louvre Abu Dhabi

MERIAN TopTen

Saadiyat Island
Hotspot für Kultur und Ge-
nuss: ein Weltklasse-Museum und
Traumstrände (▶ S. 66).

SEHENSWERTES

Louvre Abu Dhabi
Muss man mit eigenen Augen
gesehen haben: Das Museum wird
seinem berühmten Namen schon
von der außergewöhnlichen Architektur her gerecht (▶ S. 66).
Saadiyat Cultural District

Manarat Al Saadiyat
Mehrere Galerien locken mit
wechselnden Ausstellungen und
Workshops, anschließend genießt
man den subtropisch bepflanzten
Gartenbereich (▶ S. 67).
Saadiyat Cultural District

UAE Pavilion
Hingucker der besonderen
Art: Die zwei gewaltigen »Sanddü-
nen« aus Stahl beherbergen Gale-
rien für moderne Kunst (▶ S. 67).
Saadiyat Cultural District

EINKAUFEN

4 **The Collection**
Shops für Dinge, die man auf der Insel braucht – etwa Beachwear –, und tolle Cafés (▸ S. 71).
St. Regis Saadiyat Island Resort

ESSEN UND TRINKEN

5 **Hawksbill**
Das Edelrestaurant ist nach den Schildkröten benannt, die hier die Strände aufsuchen (▸ S. 70).
Saadiyat Beach Golf Club • E12 (Sheik Khalifa Highway)

AM ABEND

6 **Saadiyat Beach Club**
Tagsüber genießt man hier die Strandtage, nachts den Sternenhimmel. Musik und Drinks sind nettes Beiprogramm (▸ S. 71).
Exit 14 von der E12 (Sheik Khalifa Highway)

AKTIVITÄTEN

7 **Saadiyat Island Beach**
Der kilometerlange öffentliche Sandstrand sucht in den Emiraten seinesgleichen (▸ S. 35).

360° Yas Island

MERIAN TopTen

Yas Island

Die Insel ist international bekannt für die Formel-1-Rennstrecke und den Ferrari-World-Vergnügungspark (▶ S. 72).

SEHENSWERTES

Ferrari World

Hier kann man seine Begeisterung für alles, was mit den roten Rennwagen zusammenhängt, so richtig ausleben (▶ S. 72).
Yas West

Yas Marina Circuit

Nicht nur Rennsportbegeisterte genießen den Anblick der blauen Formel-1-Rennstrecke, umgeben von Top-Bauwerken und einer Marina (▶ S. 73).
Yas Leisure Drive

ESSEN UND TRINKEN

Aquarium

Das außergewöhnlich gestylte Seafood-Restaurant bietet so manchen »Wow«-Effekt; spektakulär ist auch die Terrasse mit

Blick auf das hell erleuchtete Yas Viceroy Hotel (▸ S. 74).

Yas Yacht Club, Yas Marina

EINKAUFEN

4 **Yas Mall**
Die edelste unter Abu Dhabis Shoppingmalls: herausragend in Architektur und Design, von Licht durchflutet und mit diversen Flächen im Freien sowie einem großen Ableger der britischen Kette Debenhams (▸ S. 75).

Yas West, Sheik Khalifa Highway

AM ABEND

5 **Mad**
Der extravagante Nightclub heizt dem Partyvolk mit Laser- und Lightshows und bekannten DJs so richtig ein (▸ S. 75).

Yas Leisure Drive

AKTIVITÄTEN

6 **Yas Waterworld**
Riesiger Wasserpark mit anspruchsvoll gestalteten Rutschen und Wasserbecken (▸ S. 73).

Yas Leisure Drive

DHABI FALCON HOSPITAL

6

MERIAN Tipps

Mit MERIAN mehr erleben. Tauchen Sie ein in das Leben am Arabischen Golf und entdecken Sie die unbekannten Seiten des Emirats Abu Dhabi.

1 **Souk Qaryat Al Beri, Abu Dhabi-Stadt** ▶ S. 68, c 4

Schummriges Licht, von altertümlichen Lampen in Szene gesetzte Geschäfte, der Geruch von Weihrauch: Die Kopie eines traditionellen arabischen Souks – gelegen zwischen den Hotels Shangri-La und Fairmont, von denen man den Souk sogar mit einer elektrischen »Abra« (einem arabischen Was-sertaxi) erreichen kann – bietet Läden mit internationaler und lokaler Mode sowie landestypischen Souvenirs. Daneben locken zahlreiche edel gestaltete Coffee-shops und Restaurants, teils mit Blick auf die Lagune, die die Stadt vom Festland trennt, und die Sheikh Zayed Grand Mosque.
Abu Dhabi-Stadt, Bain Al Jessrain, Qaryat Al Beri, Between the Bridges •

Tel. 02/5 58 16 70 • www.soukqaryat alberi.com • tgl. 9–22, Restaurants bis 24 Uhr

★ 2 Al Dhafra Camel Festival, Al Gharbia   D 5

Glänzende Augen und lange Wimpern sind ein »Muss«, gepflegtes Fell und guter Körperbau unabdingbar: Mehr als 20 000 Kamele kommen zum Festival, nur die Schönsten der Schönen werden beim »camel beauty contest« prämiert. Exotisch ist auch das Beiprogramm, das die Festivalbesucher mit Musik, Tänzen, Dichterlesungen und einem traditionellen Souk unterhält.

Madinat Zayed, Al Gharbia (Western Region) • www.aldhafrafestival.ae • 2 Wochen im Dezember

★ 3 Emirati Experience, Abu Dhabi-Stadt

Ein neues Besucherprogramm ermöglicht Touristen einen Einblick ins traditionelle Alltagsleben der Emiratis. Von einheimischen Gastgebern konzipiert und angeboten werden diverse Aktivitäten und Touren, die einen bestimmten Schwerpunkt haben: So kann man mit einer Perlenfischer-Dhau aufs Meer fahren, auf der »Emirati Food Tour« Restaurants und Cafés kennenlernen, die den Einheimischen gefallen, oder in Begleitung durch den ältesten, noch überwiegend von Emiratis bewohnten Stadtteil Al Mushrif laufen. Nur für weibliche Gäste ist ein Gespräch mit einheimischen Frauen und die Einladung in deren Haus bestimmt (»Emirati Ladies Experience«).

Buchbar online bei www.visitabu dhabi.ae • zw. 100 und 1000 Dh

★ 4 Jogging an der Corniche, Abu Dhabi-Stadt ▶ Klappe vorne, a–e 2

Turnschuhe gehören ins Gepäck, nicht nur für den Besuch der hoteleigenen Fitnessstudios: Zwischen der Straße und dem Strand der Meerespromenade von Abu Dhabi-Stadt verläuft ein Radweg, der auch von Skatern und Joggern ge-

schätzt wird. Ein mit Palmen, Bougainvilleen, Ziergräsern und Bambus bepflanzter und mit großem Aufwand künstlich bewässerter Grünstreifen trennt Strand und Fußgängerbereich von der Schnellstraße, auf dem am frühen Morgen und in der Abenddämmerung viele Jogger unterwegs sind. Zu diesen gesellt man sich und erläuft sich die fremde Metropole mit den Augen eines Sportlers. Unterwegs locken Cafés und Bistros zur Einkehr und Erholung nach der sportlichen Ertüchtigung. An diversen Stellen lassen sich auch Fahrräder mieten (www.bikeshare.ae, zuvor wird am Kiosk ein Day-Pass für 20 Dh erworben), für alle, die die Alternative auf zwei Rädern vorziehen.

Picknick im Park, Abu Dhabi-Stadt

▶ Klappe vorne, a 1

Ein Glas Champagner, Räucherfisch, frisches Obst, Croissants und Gebäck aus Ihrem Picknickkorb, anschließend bedienen Sie sich vom Grill- und Dessert-Büfett, das in der Parkanlage des Emirates Palace Hotel aufgebaut ist. Einen besseren Ort für einen Brunch mit Erinnerungswert gibt es in Abu Dhabi wohl nirgendwo sonst.

Emirates Palace, West Wing Garden, Ras Al Akhdar, Corniche Road West • jeder erster Sa im Monat 14–18 Uhr • 495 Dh, Kinder (10–12 Jahre) 230 Dh, Kinder unter 10 Jahren kostenfrei • Anmeldung unter restaurants@ emiratespalace.ae

Abu Dhabi Falcon Hospital, Abu Dhabi-Stadt
E 4

Im Krankenhaus für Falken werden verletzte und kranke Tiere behandelt. Die gefiederten Patienten, die allesamt über einen Pass mit Impfzeugnis verfügen und mit einem implantierten Chip zur GPS-Ortung ausgestattet sind, werden für die Untersuchungen vorher betäubt, und »Reha-Abteilungen« stehen bereit für Falken, die nach einer Operation wieder flugfähig gemacht werden. Zu den Routineeingriffen gehört etwa der Ersatz von gebrochenen oder bei der Jagd verlorenen Federn – dazu steht dem Hospital ein großes Lager an verschiedensten Federn zur Verfügung. Bei einem Besuch in dem öffentlichen Falkenkrankenhaus (mit Museum) kann man nahezu jeden der Untersuchungs- und Behandlungsschritte verfolgen.

Abu Dhabi-Stadt, Khalifa City (süd-östl. des Flughafens), Sweihan Road • Tel. 02/5 75 51 55 • www. falconhospital.com • So–Do nur nach voheriger Online-Anmeldung • Eintritt 170 Dh, Kinder 60 Dh

Bootsfahrt auf dem Khor Al Maqta ▶ S. 68, c 4

Zwischen den Hotels Ritz Carlton Grand Canal, Fairmont Bab Al Bahr und Shangri-La sowie dem Souk Qaryat Al Beri verkehrt täglich ein kostenloser Bootsshuttle (elektrische »Abra«). Er erlaubt den Gästen der Hotels und des neben dem Souk liegenden Hotels Traders, in den Restaurants der anderen Hotels oder in denen des Souks zu dinieren. Auch ein abendlicher Einkaufsbummel im Souk und ein Besuch der Sheikh Zayed Grand Mosque bieten sich an.

Abu Dhabi-Stadt, Khor Al Maqta • tgl. ab 18 Uhr, alle 20 Minuten

Ripe Market, Saadiyat Island ▶ S. 68, a 2

»Fresh, local, organic« heißt das Motto auf dem offenen Markt in exklusiver Adresse. Die kleinere Version des in Dubai seit etlichen Jahren erfolgreichen Ökomarktes erfreut sich auch in Abu Dhabi reger Nachfrage. Etwa drei Dutzend Händler verkaufen organisches Obst und Gemüse, handgefertigte Kleider, Schmuck und Handtaschen, Holzspielzeug und Deko-Artikel ebenso wie Eiscreme, Doughnuts und Ökosnussjoghurt.

Saadiyat Island, The Collection, St. Regis Saadiyat Island Resort • www.ripeme.com • Fr 10–15 Uhr

Jebel Hafeet Mountain Road, Al Ain ▮▮ G 4

Ungefähr 60 Serpentinenkurven führen die 12 km lange Strecke hinauf auf den 1240 m hohen Jebel Hafeet – die abenteuerlichste Straße im Emirat Abu Dhabi ist für junge Emiratis besonders nach

Sonnenuntergang – weil dann aufwendig beleuchtet – eine beliebte Rennpiste. Andere erfreuen sich am Ausblick über die Sanddünen und Wadis der Wüste, das angrenzende Hajar-Gebirge und natürlich zur tief unten liegenden Oasenstadt Al Ain. Besonders empfehlenswert ist die Einkehr im Terrassenrestaurant des Mercure Grand Hotel Jebel Hafeet.

Jebel Hafeet Road, 10 km südl. von Al Ain

Souk Al Zaafarana, Al Ain ▶ S. 79, westl. a 1

Der Souk im traditionellen Stil verkauft arabische Damen- und Herrenmode, Gewürze, Duftstoffe, Räucherwaren und Zubehör, Henna, Kaffeekannen (»dhalla«) und andere orientalische Waren. Ein Teil des Souks, »Mubdia Village«, ist für Frauen reserviert, um die Kundinnen kümmert sich ausschließlich weibliches Personal.

Al Ain, Al Jimi, Civic Centre, Zayed Al Awwal Street, neben Al Jimi Mall • Tel. 03/7 62 18 68 • tgl. 10–13 und 20–24 Uhr, Fr nur abends

Wie in einem Märchen aus Tausendundeiner Nacht: Das Hotel Emirates Palace (▶ MERIAN TopTen, S. 45) in Abu Dhabi-Stadt gilt als
das beste Haus der arabischen Welt.

Zu Gast in **Abu Dhabi**

Abu Dhabi bezaubert durch seine Vielfalt: Nobelhotels und Wüstenresorts bieten ein sanftes Ruhekissen, Shoppingmalls und Souks ein unvergessliches Einkaufserlebnis.

Übernachten

Romantiker schlummern im Wüstenresort Qasr Al Sarab,
Anspruchsvolle im Hotel Emirates Palace. Und daneben
locken jede Menge günstige, tolle Hotels.

◄ Das Hotel Shangri-La Qaryat Al Beri (▸ S. 54) bietet den Gästen feinsandigen Privatstrand und Moscheenblick.

Die Eröffnung des Palasthotels **Emirates Palace** ⭐ 2005, gleichzeitig Gästehaus der Regierung, war der Startschuss einer beeindruckenden Entwicklung in Abu Dhabis Hotelsektor. Weiteres Glanzlicht war die Fertigstellung des einzigartigen, an ein altertümliches Wüstendorf erinnernden **Qasr Al Sarab** ⭐.
Innerhalb weniger Jahre entstanden Dutzende neuer **Resorts**, meist im oberen Preissegment. Heute unterhalten nahezu alle **Hotelketten** auch Häuser im Emirat Abu Dhabi, und man hat die Wahl unter internationalen Luxusadressen. Die Hotels auf den in der Nähe von Abu Dhabi-Stadt liegenden Inseln Yas Island und Saadiyat Island säumen traumhaft schöne und makellos gepflegte Sandstrände. Hier erlebt der Besucher den Arabischen Golf und kann sich ungestört den Gaumenfreuden in den zahlreichen hervorragenden **Hotelrestaurants** hingeben, abschlagen auf den hotelnahen Golfplätzen oder entlang den ebenfalls neu entstandenen Marinas mit Blick aufs Meer bummeln.
Wer sich für moderne Hotel-Architektur interessiert, wird sich das mit der Formel-1-Rennstrecke verbundene **Hotel Yas Viceroy** nicht entgehen lassen bzw. das **Jumeirah at Ethihad Towers** als Quartier in Erwägung ziehen.

Luxus hat seinen Preis
Die Übernachtungspreise entsprechen internationalem Standard und sind im Luxussegment entsprechend hoch. Günstiger fährt, wer nicht bei den Hotels selbst bucht, sondern die Angebote von **Reiseagenturen** oder **Hotelportalen** nutzt.
In den heißen Sommermonaten lassen sich hingegen Hotels für 40 % der Hauptsaisonpreise buchen – wenn man bereit ist, Temperaturen von bis zu 50 Grad zu akzeptieren, und einen Besuch in Abu Dhabi vorwiegend als Shopping-Trip in klimagekühlten Einkaufsmalls versteht, ist dagegen nichts einzuwenden. Auch während des Ramadan gibt es zuweilen sehr günstige Angebote, diese erkauft man sich allerdings mit bis Sonnenuntergang weitgehend geschlossenen Hotelcafés und Restaurants.
Hotels im mittleren und unteren Preissegment sind in Abu Dhabi-Stadt in der Regel sauber und sicher, liegen jedoch nicht am Strand und besitzen zweckmäßige Ausstattung. Günstiger sind die Hotels in der Oasenstadt Al Ain. In den zweieinhalb Stunden südlich gelegenen Liwa-Oasen stehen einige gute und z. T. günstige Hotels zur Verfügung – Wüstenabenteuer für kleines Geld.
Die touristische Entwicklung in Abu Dhabi beschleunigt sich immer mehr, und die Hotelkapazität wird kräftig erweitert. 2017 und 2018 eröffneten allein in der Fünf-Sterne-Kategorie zahlreiche neue, aufwendig gestaltete Häuser, und auch im mittleren Preissegment kamen zahlreiche Adressen hinzu.

Empfehlenswerte Hotels und andere Unterkünfte finden Sie bei den Orten im Kapitel ▸ **Unterwegs in Abu Dhabi.**

Preise für ein Doppelzimmer mit Frühstück:

€€€€	ab 1500 Dh	€€€	ab 1000 Dh
€€	ab 500 Dh	€	bis 500 Dh

Essen und Trinken

Asiatische, afrikanische, arabische und europäische National-
küchen bestimmen den Speiseplan in Abu Dhabi und ergeben
einen vielfältigen Kosmos kulinarischer Genüsse.

◀ Auf dem Souk: Die orientalischen Gewürze geben den arabischen Gerichten ihre unverwechselbare Note.

Es sind zahlreiche Aspekte, die Essengehen in Abu Dhabi so attraktiv machen: So gibt es etwa eine ungeheure Vielfalt an **ethnischen Küchen**, die Essengehen zum Erlebnis werden lässt. Die überwiegende Mehrheit der Bevölkerung des Emirats stammt aus dem Ausland, und im Laufe der Jahre hat sich daher eine lebhafte Gastronomieszene entwickeln können. So sind es – besonders in den Restaurants der einfacheren Kategorie – auch oft die Angehörigen der jeweiligen Länder, die zu den Gästen gehören. Besucher empfinden es als aufregend, gemeinsam mit Menschen aus den unterschiedlichsten Kulturkreisen zusammenzukommen und zu speisen – eine sehr inspirierende Art, die auf unwiderstehliche Weise die Idee der Völkerverständigung unterstützt.

Eine Besonderheit, die die Restaurantkultur in Abu Dhabi prägt, ist in jüngster Zeit die aufwendige Gestaltung der Lokale. In der gehobenen Klasse wird ein Restaurantbesuch als ein Gesamterlebnis betrachtet, und es sind mittlerweile zahlreiche Restaurants entstanden, die in herausragender Lage und mit anspruchsvollem Design den Gast beeindrucken.

Dinner mit Meerblick

Einheimische schätzen insbesondere Restaurants, die einen guten Ausblick bieten. An den Wochenenden sind vor allem Lokale mit Meerblick stark gefragt, wie diese nicht nur zahlreich an der Corniche und am Breakwater liegen, sondern auch auf Saadiyat Island. Treffpunkte der

arabischen Society si[...] des internationalen [...] Arabischen Golf die [...] hotels, die stets auch über die besten Restaurants verfügen. Besonders die sogenannten »Signature Restaurants« der meist am Meer gelegenen Resorts sind dementsprechend hoch ausgelastet. Das **Jumeirah at Ethihad Towers**, untergebracht in einem der neuen Wahrzeichen der Stadt, be-sitzt z. B. im 63. Stockwerk das Restaurant **Quest**, das einen 360-Grad-Rundumblick über die Skyline der Stadt, die Corniche und das Meer ermöglicht. Im **Rosewater-Terrassen-Restaurant** kann man bereits beim Frühstück im Freien essen und die futuristische Hotel-Architektur hautnah erleben.

Will man sich beim Essen gar drehen für einen Blick auf die »Rückseite«, dann kommt in Abu Dhabi ein »revolving restaurant« (rotierendes Restaurant) infrage: Das zum Le Royal Meridien gehörende **Al Fanar** (»der Leuchtturm«) im 25. Stock bietet Panoramablicke auf Meer und Stadt.

Traditionelle Speisen

In Abu Dhabi wird man auch das traditionelle Essen der Einheimischen kennenlernen wollen. Dazu hat man bereits beim **Frühstücksbüfett** Gelegenheit. Neben Patisserien, Kuchen und Kleingebäck, französischem Käse, Kochstationen, an denen man sich das gewünschte Eiergericht zubereiten lässt, chinesischen Dim Sums, japanischem Sushi und Miso-Suppe gibt es auch eine arabische Abteilung. Hier finden Sie das köstliche »hoummus«, ein Kichererbsenpüree, das mit Sesamöl und Gewürzen verfeinert ist, »foul Medame«, dicke weiße Bohnen in einer

Die sieben Kilometer lange Corniche (▶ MERIAN TopTen, S. 45), die Uferpromenade von Abu Dhabi-Stadt, wartet mit vielen Cafés, Restaurants und Meerblick auf.

Tomaten-Gemüse-Sauce, »labnah«, ein fettreicher Joghurt, Oliven und Fladenbrot. Die in den Emiraten servierte klassisch-arabische Küche kann libanesisch, syrisch, ägyptisch und auch jemenitisch ausgerichtet sein. Als **Hauptgericht** favorisiert wird in der Regel Lammfleisch, seltener Huhn, oft gekocht in einer würzigen Sauce aus Knoblauch, Zwiebeln und Tomaten. Entsprechende, auch im deutschsprachigen Raum auf dem Markt befindliche Kochbücher – falls man die Urlaubsküche zu Hause nachkochen möchte – zeigen die Vielfalt dieser Küche, zu der außerdem eine Vielzahl an Gemüsegerichten und, als Vorspeisen, die in Essig eingelegten Karotten, Zwiebeln und Paprika gehören. Selten zu finden sind in Abu Dhabi-Stadt allerdings Restaurants, die emiratische, d. h. die traditionelle **beduinische Küche** auf den Tisch bringen, gekennzeichnet durch einfache, bäuerliche Gerichte wie beispielsweise »harees« (eine Mischung aus grob gemahlenem Getreide und Fleisch, im Tontopf zu einer breiigen Mischung gegart) oder »machboos« (Eintopf aus Lamm-, seltener Hühnerfleisch, über Stunden mit getrockneten Zitronen und Gemüse gegart). Das Restaurant **Mezlai** im Hotel Emirates Palace serviert authentisch emiratische Gerichte, hat gar einen emiratischen Chefkoch. Auch im Restaurant **Al Dhafra** und beim **Al Dhafra Dinner Cruise** kommt man in den Genuss emiratischer Gerichte.

Friday Brunch

In den VAE und auch in Abu Dhabi bei den Einheimischen und europäischen »expatriates« sehr beliebt ist der **Friday Brunch**, der am Beginn des arabischen Wochenendes zwischen 12 und 16 Uhr als Lunch in (Hotel-)Restaurants stattfindet. Wenn man nicht festgelegt ist auf ein außergewöhnliches Luxushotel, lohnt es sich, in der Donnerstags-Ausgabe der Tageszeitungen die diversen Angebote für Friday Brunch zu vergleichen. Der Preis liegt zwischen 100 Dh in einfacheren Hotels und Restaurants und 500 Dh in Gourmetetablissements.

Mokka und Mocktails

Tatsächlich verdanken die Europäer den Arabern den heute so unverzichtbaren **Kaffee**. Aus der jemenitischen Stadt Mocha wurde das bereits bei der einheimischen Bevölkerung beliebte Getränk verschifft, im 17. Jh. entstanden britische und niederländische Kaffeehandelshäuser. Noch heute kommt am Golf die Zubereitung von Kaffee einer Zeremonie gleich, werden nur hochwertige und fein gemahlene Sorten verwendet, die zusammen mit Zucker, Wasser, oft auch mit frischem Kardamom in einer Kanne aus Kupfer oder Aluminium erhitzt und anschließend in kleinen, henkellosen Tassen oder Gläsern serviert werden, zu denen gern auch ein paar Datteln kommen. Italienische Kaffeespezialitäten wie Cappuccino, Latte Macchiato und Filterkaffee »american style«, nämlich sehr schwach, haben heutzutage allerdings den arabischen Kaffee weitgehend ersetzt. Neben Starbucks gibt es auch lokale Kaffeehäuser, die sich großer Beliebtheit erfreuen. Zu den beliebtesten **Getränken** in der Region gehören nach wie vor Mineralwasser, Tee und frisch gepresste Säfte. **Alkoholgenuss** ist in Abu Dhabi auf Hotels und lizensierte Restaurants beschränkt.

Das Angebot an **Weinen** französischer, italienischer sowie australischer und südafrikanischer Anbaugebiete ist umfangreich, die dafür verlangten Preise bewegen sich auf europäischem Niveau, während Prosecco und Champagner ein Vielfaches kosten. In den Vier- und Fünf-Sterne-Hotels mixen Barkeeper zudem jeden gewünschten Cocktail mit großer Raffinesse, und bei den Friday Brunches und teilweise auch bei Büfetts kann man für einen geringen Mehrpreis ein Glas Sekt bekommen.

Mocktails, alkoholfreie Mixgetränke, sind nach wie vor sehr beliebt. Auch hier gibt es Trends: zum Klassiker Kiwi Cooler, aus Kiwisaft, Minze, Zitrone und Holunderblütensirup, gesellen sich Drinks mit zerstoßenen Chia-Samen, Ingwer-Sirup und Koriander. Neben Kalorienbomben gibt es viele gesunde, vitamin- und mineralienreiche Alternativen. Die meisten Restaurants und Cafés kreieren eigene Mischungen und »Signature Mocktails«. Und immer wieder zu sehen: junge Einheimische, die ebenso wie Besucher die georderten Mocktails ausgiebig fotografieren und ins Netz stellen, bevor sie überhaupt probiert haben. Übrigens: In Hotelrestaurants werden im Emirat Abu Dhabi 10 % Service und 6 % »tourism fee« zur Rechnung hinzuaddiert.
»Bil Afia« – Guten Appetit!

Empfehlenswerte Restaurants finden Sie bei den Orten im Kapitel ▸ **Unterwegs in Abu Dhabi.**

Preise für ein dreigängiges Menü:

€€€€ ab 250 Dh	€€€ ab 150 Dh
€€ ab 50 Dh	€ bis 50 Dh

Einkaufen

In den traditionellen Souks und ultramodernen Shoppingmalls, den alten und neuen Zentren des gesellschaftlichen
Lebens am Golf, findet man Mode, Gewürze und vieles mehr.

◄ Leuchtend bunte Farben, Glitzerapplikationen und glänzende Seidenstoffe: auf einem traditionellen Kleidersouk.

Neben den traditionellen **Souks** und deren modernen Varianten sind es in erster Linie die **Shoppingmalls**, die Besucher anziehen. Abu Dhabi steht Dubai in dieser Beziehung kaum noch nach: Mittlerweile gibt es über zwei Dutzend dieser Einkaufspaläste. Neben Shopping steht hier der Besuch von Restaurants, Food Outlets (Foodcourt) und Kinos im Mittelpunkt des Interesses. Unter einem Dach finden sich Designer-Boutiquen der großen Modeschöpfer, international erfolgreiche Luxuslabels und junge Marken. Daneben gibt es Parfümerien, Juweliere, Kinderboutiquen, Buchläden, Geschäfte für Elektronika, für Inneneinrichtung, Kunsthandwerk und landestypische Souvenirs, mitunter auch Ableger großer, international erfolgreicher Supermarktketten und Kaufhäuser.

Sale und Duty free

Die Preise für international bekannte (Luxus-)Labels sind gewöhnlich nicht viel niedriger als in Europa, es sei denn, man hält Ausschau nach den das ganze Jahr offerierten »Sales«, bei denen Ware bis zu 60 % unter dem ursprünglichen Preis angeboten wird. Interessant sind die besonders großen und luxuriösen Malls (wie Abu Dhabi Mall, Galleria und Yas Mall), jedoch gilt grundsätzlich: Zum einen genießt man die architektonisch anspruchsvoll gestylte Umgebung, in der an nichts gespart werden musste, zum anderen kann man sich an einem Angebot an Markenwaren aus der ganzen Welt erfreuen. Neben französischen

und italienischen Labels, Kosmetikmarken aus der Provence wie aus Bali gibt es US-amerikanische Designerwaren, ebenso wie Shirts aus Hawaii oder Lederhosen aus Tirol.

MERIAN Tipp

SOUK QARYAT AL BERI ▸ S. 68, c 4
Die Kopie eines traditionellen arabischen Souks bietet Läden mit internationaler und lokaler Mode sowie landestypischen Souvenirs. ▸ S. 18

Im Abu Dhabi **Duty free** am internationalen Flughafen des Emirats liegen in den drei Airport-Terminals diverse Geschäfte, die sich auf ein voneinander abgetrenntes Warensortiment spezialisiert haben. Neben einem großen Angebot an Kosmetikartikeln und Alkoholika gibt es darüber hinaus auch Schmuck und Uhren, Designermode und Elektronikartikel sowie landestypische Souvenirs.

Das süßeste Mitbringsel ist sicherlich **Schokolade aus Kamelmilch**, dekorativ verpackt und erhältlich im Duty free sowie in ausgesuchten Süßwarenläden (u. a. im Souk Qaryat Al Beri). Kamele aus Plüsch und Keramik finden sich überall im Emirat, ebenso wie orientalische Parfümöle und Weihrauchverbrenner, aus Ton gefertigt. Länger Ausschau halten muss man nach antiken arabischen Kleinmöbeln und Einrichtungsgegenständen, die auch in Galerien und in den Shops der Luxushotels erhältlich sind.

Empfehlenswerte Geschäfte und Märkte finden Sie bei den Orten im Kapitel ▸ **Unterwegs in Abu Dhabi.**

Sport und Strände

Sonnenanbeter aalen sich in schicken Beach Clubs oder relaxen an künstlich aufgeschütteten Sandstränden. Sportliche hiken durch die Wüste, angeln, golfen oder reiten.

◄ Faszination Pferderennen (► S. 34): »Horse racing« ist ein beliebtes Freizeitvergnügen der Emiratis.

Zwischen Oktober und April (danach wird es zu heiß) bietet Abu Dhabi einen großen Freizeitwert schon aufgrund seiner langen Küstenlinie und den zahlreichen vorgelagerten Inseln. Beach Clubs inmitten der Metropole und neue Hotels laden zu Wassersport ein, überraschen mit feinsandigen Stränden, herrlichen Tropenbäumen und Palmen sowie mit Angestellten, die einem jeden Wunsch von der Sonnenbrille ablesen. Resorts im Vier- und Fünf-Sterne-Bereich (mitunter über Reiseveranstalter recht günstig zu buchen) besitzen eigene exklusiv ausgestattete Sport- und Fitnesscenter, die sportlich Ambitionierte nutzen können. Wasserski, Segel- und Motorboote werden stundenweise vermietet, Katamarane und Surfboarde stehen oft ohne Berechnung zur Verfügung. Auch der Wellnesstrend hat vor Abu Dhabi nicht haltgemacht. So eröffneten in den neuen Luxushotels aufwendige Wellnesstempel, die zwischen Ayurveda und Qi Gong so ziemlich alles bieten, was man sich nur wünschen kann.

ANGELN
Arabian Divers & Sportfishing Charters
► Klappe vorne, a 3

Hochseeangeln als Halb- oder Ganztagestouren im Arabischen Golf, auch als zweitägige Angeltouren an die Küste des Golfs von Oman. Abu Dhabi-Stadt, Al Bateen, Marina Al Bateen Resort, Ground Floor • Tel. 0 50/6 14 69 31 • www.fishabudhabi.com • Halbtagestour (4 Std.) 600 Dh

FUSSBALL
Mohammed Bin Zayed Stadium
► S. 68, a 3

Nichts ist spannender als ein Fußballspiel in der Ersten Liga der VAE. Viele Zuschauer kommen in Weiß (d. h. sie sind Einheimische), es geht sehr lebhaft, jedoch nie aggressiv zu. Wer sich für Fußball interessiert und einem der Spiele zuschauen möchte: Die Spiele im Stadion (ausgestattet mit 42 000 Plätzen) des Abu-Dhabi-Vereins Al Jazira findet man auf der unten genannten Webseite. Abu Dhabi-Stadt, Al Ittihad, East Road (4th Street)/Ecke Al Saada Street (19th Street) • www.proleague.ae

GOKART
Yas Kart Zone 👫
► S. 69, f 3

Im Schatten der Formel 1: In bester Lage, nämlich direkt neben der Rennstrecke, genießen Kinder sowie deren Eltern das Gefühl, ihre Runden an ganz besonders prominenter Stelle zu drehen. Yas Island, Yas Marina Circuit • Tel. 02/6 59 95 44 • www.yasmarinacircuit.com • Di–Sa 14–21.30 Uhr • 15 Min. 120 Dh, Kinder 10 Min. 60 Dh

GOLF
Abu Dhabi City Golf Club
► Klappe vorne, c 6

Abu Dhabi verfügt über fünf Golfplätze, ein 9-Loch-Platz liegt in Abu Dhabi-Stadt und ist mit fünf Wasserhindernissen ausgestattet. Der Platz ist auch nach Sonnenuntergang mit Flutlicht bespielbar; unterschiedliche Tee-Positionen erweitern ihn zum 18-Loch-Platz. Abu Dhabi-Stadt, Al Mushrif, Al Saada Street (19th Street)/Ecke Al Karamah Street (24th Street) • Tel. 02/4 45 96 00 • www.adcitygolf.ae

Der Corniche Beach (▶ S. 35) von Abu Dhabi-Stadt ist mit der begehrten Blauen Flagge ausgezeichnet, die sauberes und sicheres Baden garantiert.

REITEN

Abu Dhabi Equestrian Club

▶ Klappe vorne, c 6

Pferde und Pferderennen gehören zum Leben der Emiratis. Auf der Rennbahn von Abu Dhabi-Stadt finden jährlich rund 16 Rennen statt. Abu Dhabi-Stadt, Al Mushrif, Al Karamah Street (24th Street)/Ecke Al Saada Street (19th Street) • Tel. 02/4 45 55 00 • www.adec-web.com

SCHLITTSCHUHLAUFEN

Abu Dhabi Ice Rink ▶ S. 68, b 4

Während der Sommermonate eine willkommene Abkühlung sind Abu Dhabis Eisbahnen mit olympischen Ausmaßen. Jeder ist hier willkommen, Schlittschuhe können auch ausgeliehen werden. Abu Dhabi-Stadt, Arzanah, Zayed Sports City, Airport Road • Tel. 02/4 03 43 33 • www.zsc.ae • Sa–Do 10–22 Uhr, Do nur Frauen • 1 Std. 40 Dh

SCHWIMMEN

Yas Waterworld ▶ S. 68, e 3

Dieser Wasserpark ist einer der größten weltweit. Erwachsene begeistert die 238 m lange Tornado-Wasserrutsche, die einen durch einen 20 m hohen Trichter wirbelt – aus großer Höhe und mit wilden Wellen. Kinder steuern die von arabischen Märchenfiguren umgebenen Wasserrutschen an. Yas Island, nördl. der Ferrari World • www.yaswaterworld.com • Sommer tgl. 10–20, Winter tgl. 10–18 Uhr • Eintritt 250 Dh, Kinder 210 Dh

SEGELN

Noukhada Sailing Experience ▶ E 3

Die Noukhada Adventure Company bietet Hobie-Katamarane (16 oder 18 ft) ab Yas Beach auf Yas Island. Unterwegs begegnen den Seglern schon mal Delfine und Flamingos.

Al Bahya • Tel. 02/5 58 18 89 • www.
noukhada.ae • 300 Dh/Std. (H 16),
400 Dh/Std. (H 18), Minimum 2 Std.

TAUCHEN
Al Mahara Diving Centre
> ▶ Klappe vorne, a 1

Abu Dhabi ist sicherlich kein Traum-
ziel für Taucher, dennoch bieten die
Wassertemperaturen günstige Vo-
raussetzungen für all diejenigen,
die in die Tiefen des Meeres vordrin-
gen und diese erforschen wollen.
Die vorgelagerten Inseln, vor deren
Ufern man Wasserschildkröten,
Clownfische und Barracudas ebenso
wie einige Schiffswracks entdecken
kann, verheißen abwechslungsrei-
che Tauchgänge. Interessierte können bei Al Mahara eine Tauchaus-
rüstung ausleihen und Tauchkurse
(sowohl Anfänger als auch Fortge-
schrittene) buchen.
Abu Dhabi-Stadt, Emirates Palace
Marina • Tel. 02/6 43 73 77 • www.
divemahara.com

STRÄNDE
Abu Dhabi Corniche Beach 👫
> ▶ Klappe vorne, a/b 2

Rund 2 km zieht sich der Corniche
Beach im Westen der Corniche vor
der Strandpromenade von Abu
Dhabi-Stadt entlang. Der Strand
wurde mit der begehrten Blauen
Flagge ausgezeichnet, dem Umwelt-
zeichen, das bestimmte Standards
im Bereich Umweltmanagement
und touristischer Infrastruktur garantiert. Es gibt insgesamt sechs
Zugänge zum Strand und getrennte
Bereiche für »single men« und »fa-
milies« (darunter fallen auch Frauen
und Paare ohne Kinder). Die Firma
BAKE bietet Liegestühle (25 Dh/
Tag), Sonnenschirme und Umklei-

dekabinen (www.bakeuae.com), die
am Wochenende allerdings schnell
vergeben sind.
Abu Dhabi-Stadt, Corniche Road
West • Eintritt 10 Dh

Bayshore Beach Club
> ▶ Klappe vorne, a 2

Wer einen ganzen Tag lang und in
luxuriöser Atmosphäre das Strand-
leben genießen will, ist hier genau
richtig: Der neue Beachclub des Hotels Intercontinental besitzt einen
300 m langen, feinsandigen Strand-
abschnitt, der mit komfortablen
Sonnenliegen und -schirmen ausgestattet ist. Hierher kann man sich
zwischendurch kühle Drinks bringen lassen und die servierten Snacks
verzehren. Auch den von Gärten
umgebenen Poolbereich kann man
nutzen, den Fitnessraum oder im
Spa die Sauna aufsuchen.
Abu Dhabi-Stadt, Intercontinental
Marina, Al Dhafra Street • Tel. 02/6 93
52 85 • Eintritt 75 Dh, Kinder 35 Dh

Saadiyat Island Beach
> ▶ S. 68, b 1

Der 9 km lange Strand vor dem
St. Regis Saadiyat Island Resort ist
unverbaut, besteht aus wunderbar
weißem, weichem Sand und bietet
seinen Gästen großartiges Badever-
gnügen. Der Strand hat noch eine
Besonderheit: Im Juni und Juli
schlüpfen hier die Jungen der be-
drohten Karettschildkröte und laufen geschwind zum Wasser. Allerdings ist nur ein 400 m langer
Abschnitt öffentlich zugänglich, der
Rest ist Naturschutzgebiet oder gehört zu den beiden hier liegenden
Luxushotels St. Regis und Park Hyatt, zum Golfclub oder Beach Club.
Saadiyat Island • tgl. 8–20 Uhr •
Eintritt 25 Dh, Kinder 15 Dh

Familientipps

Kamele, die Wüste und das Meer sind die größten Attraktionen für Kinder. Wagemutige testen Ferrari World mit der schnellsten Achterbahn der Welt.

◄ Die roten Flitzer der Ferrari World
(► S. 37), der größte Indoor-Freizeitpark
der Welt, begeistern bereits die Kleinen.

Al Ain Safari G 4

217 ha umfasst der Safari Park, angeschlossen an den Al Ain Zoo zu Füßen des Jebel Hafeet. Hier kann man
auf Safari gehen, die Illusion ist nahezu perfekt. Ranger (allesamt Emiratis) fahren mit den Safariteilneh-
mern auf einer einstündigen Tour im
6-Sitzer-Geländewagen oder im Sa-
fari-Truck durch das Gelände, vorbei an Zebras und Giraffen, Löwen
und Straußen. Zwar gibt es die »Big
Five« nicht vollständig, jedoch sind
besonders Kinder hellauf begeistert.
Daneben locken die zahlreichen anderen Aktivitäten des Al Ain Zoos.
Al Ain, Nahyan The First Street •
www.alainzoo.ae/al-ain-safari •
tgl. 9–19 Uhr • Safari Truck 210 Dh,
Geländewagen 1050 Dh

Ferrari World ► S. 69, f 2

Unter den knapp zwei Dutzend Attraktionen und Fahrgeschäften rund
um die Geschichte von Ferrari ist die
Formula Rossa, die schnellste Achterbahn der Welt, ein besonderes
Highlight. Unempfindlich sollte man
allerdings sein, denn die Achterbahn
erreicht eine Spitzengeschwindigkeit
von 240 km/h und beschleunigt in
nur 2,9 Sekunden von 0 auf
100 km/h! Flying Aces heißt die
jüngste Attraktion, eine Bahn mit
einem gewaltigen Looping (51 Grad
steil und in 52 m Höhe), auf das das
Gefühl der Schwerelosigkeit auf-
kommt. Jugendliche und nicht nur
deren Väter lieben den Park – neben
den Adrenalinkicks gibt es auch ein
gemütliches Karussell für die Kleinen unter den Besuchern.

Yas Island • www.ferrariworldabu
dhabi.com • tgl. 11–20 Uhr • Eintritt
295 Dh, Kinder unter 1,50 m Körpergröße 230 Dh, Premium Ticket (VIP)
535 Dh (keine Wartezeiten)

Hili Fun City G 4

Das 87 ha große Areal ist Park und
Freizeitgelände: Auf 20 ha gibt es
28 Attraktionen, die den Ruf Hili
Fun Citys als »Disneyland der Golf-
staaten« begründeten.
Al Ain, Hili Oasis, 10 km nördl. der
Stadt • www.hilifuncity.ae • Mo–Do
16–22, Mi nur Frauen, Fr, Sa
12–22 Uhr • Eintritt Mo, Di 55 Dh,
Mi–Sa 60 Dh (inkl. Attraktionen),
Kinder bis 0,89 m Körpergröße frei

Al Khalifa Park ► S. 68, b 4

Die Gebäude des Freizeitparks sind
in islamischer Architektur gestaltet.
Drinnen gibt es Trampoline, eine
Miniatureisenbahn, Teiche, Brunnen und Wasserfälle. Das Marine
Museum umfasst ein Heritage Museum (mit entzückender »Geister-
bahn«) sowie ein Aquarium. Ein Teil
des Parks (Falcon Entrance) bildet
den Murjan Splash Park, ein Wasserpark mit Pools, Wasserrutschen und
einem 260 m langen »Lazy River«.
Abu Dhabi-Stadt, Al Matar, Al Qurm
Corniche (Eastern Ring Road) •
So–Mi 15–22, Do, Fr 15–23 Uhr •
Eintritt 1 Dh, Maritime Museum 3 Dh

Kids Park Zoo E 3

Kamele, Emus, Strauße, Pferde und
Waschbären: Hier gibt es Tiere haut-
nah – zum Anfassen und Füttern.
Al Bahya, 35 km auf der Straße von
Abu Dhabi nach Dubai • www.
emiratesparkzooandresort.com •
So–Mi 9–20, Do–Sa 9–21 Uhr • Ein-
tritt 35 Dh, Kinder 30 Dh

2   MERIAN Tipp

AL DHAFRA CAMEL FESTIVAL

▶ D 5

Ein Event für die ganze Familie: Mehr als 20 000 Kamele kommen zum Festival. Exotisch ist auch das Beiprogramm mit Musik, Tänzen und einem traditionellen Souk.   ▶ S. 19

Kanutour durch Mangroven

▶ S. 68, a/b 3

Ein großer natürlicher Schatz von Abu Dhabi-Stadt sind die Mangrovenwälder der Lagunen östlich der Halbinsel, ein noch weitgehend intaktes Feuchtgebiet, in dem sich im flachen Wasser und entlang der Sandbänke die Brutstätten von Watt- und Stelzvögeln befinden. Da die Region zudem Knotenpunkt der Vogelflugroute zwischen Europa und Asien ist, machen in den Lagunen ungezählte Arten von Zugvögeln Rast. Eine zweieinhalbstündige Kanutour, die der Veranstalter Noukhada Adventures organisiert, führt durch diese staunenswerte Welt. Noukhada Adventures: Abu Dhabi-Stadt • Tel. 02/6 50 36 00 • www.noukhada.ae • Tour ab 150 Dh

Marina Mall Fun City

▶ Klappe vorne, nördl. a 1

Für Familien mit Kindern bis zu zwölf Jahren eine willkommene Abwechslung nach dem Besuch der Heritage Village und beim Einkaufsbummel: ein Indoor-Spielpark mit Achterbahn und Autoscooter, laut und bunt. Abu Dhabi-Stadt, Marina Mall, Breakwater • Tel. 02/6 81 55 27 • www.funcity.ae • So–Mi 10–22, Do–Sa 10–24 Uhr • 15–25 Dh pro Fahrt

Murjan Splash Park

▶ S. 68, b 4

Der etwas in die Jahre gekommene Wasserpark ist genau das Richtige für Familien mit Schulkindern, die zuvor den Khalifa Park besucht haben. Ein »Lazy River«, auf dem man sich mit Schwimmreifen treiben lässt, Wasserrutschen und Klettergerüste im Planschbecken halten ein paar Stunden beschäftigt. Abu Dhabi-Stadt, Khalifa Park, Al Qurm Corniche (Al Salam Street) • www.murjansplashpark.weebly. com • tgl. 12–18 Uhr (Di, Mi nur für Frauen und Jungen bis 8 Jahre) • Eintritt 50 Dh (ab 1 m Körpergröße, darunter frei)

Sheikh Zayed Heritage Festival

Die wunderschönen weißen Araberpferde ganz aus der Nähe sehen, schlanke Saluki-Windhunde streicheln, vielleicht einen Falken auf dem ausgestreckten Arm halten – das begeistert besonders Kinder und gefällt auch deren Eltern. Auf dem dreiwöchigen (in einigen Jahren auch bis zu achtwöchigen) und jährlich ab 1. Dezember stattfindenden Festival vor den Toren der Stadt hat man eine gute Gelegenheit, mit der ganzen Familie das kulturelle Erbe des Emirats kennenzulernen. Al Wattba • www.zayedfestival.com • tgl. 15–22, an Wochenenden bis 24 Uhr • Eintritt frei

Wadi Adventure

G 4

Das Abenteuerland bietet zwei kleine Seen, einen 1,1 km langen Fluss für Floß- und Kajakfahrten mit künstlichen »Stromschnellen«, einen Surfpool mit 3,30 m hohen Wellen, die alle 90 Sekunden generiert werden, Kletterwand und Zipline (Drahtseilkabel) sowie mehrere Pools.

Abenteuer und Spaß zu Wasser und zu Land bietet Wadi Adventure (▶ S. 38), südlich von Al Ain mitten in der Wüste gelegen.

Al Ain, Ain Al Fayda Road, südl. der Stadt am Fuß des Jebel Hafeet • www.wadiadventure.ae • tgl. 10–18 Uhr • Eintritt 40 Dh, Kinder bis 1,20 m Körpergröße 25 Dh, Familien 150 Dh

Yas Island Bicycle Tour

▶ S. 69, e/f 2/3

Auf den weitverzweigten Radwegen der Insel Yas ist das Fahrradfahren ein wahrer Genuss – vorausgesetzt, man ist im kühleren Winterhalbjahr unterwegs bzw. weicht zur heißen Jahreszeit auf die frühen Morgen- und Abendstunden aus. An verschiedenen Stellen auf der Insel (etwa Yas Waterworld, Ferrari World, Yas Links, Yas Marina, Yas Viceroy, Yas Plaza und Yas Beach) können rund um die Uhr an den einfach zu bedienenden Bikeshare-Stationen von ADCB Fahrräder ausgeliehen werden.
www.adcb.com

Yas Mall Fun Works

▶ S. 69, f 3

Eine der größten Malls der VAE zieht besonders auch Teenager an, die unter den Hunderten von Shops auch solche finden, die gerade in Europa besonders »in« sind. Kleinere Kinder, die vielleicht vorher dem Lego Store und dem Toy Store einen Besuch abgestattet haben, erwartet in der Yas Mall ein weiteres Highlight: Fun Works bietet den Kids neben anderen Attraktionen auf einer Fläche von über 6000 m² auch ein fünfstöckiges Spielhaus aus weichem Schaumgummi, ein Riesenvergnügen für die Kleinen zum Erkunden und Spielen.
Yas Island, Yas Mall • Tel. 02/2 65 12 42 • www.funworks.ae • So–Mi 10–22, Do–Sa 10–24 Uhr

👫 Weitere Familientipps sind durch dieses Symbol gekennzeichnet.

Stein gewordener Traum des perfekten Gotteshauses: Die Wände der Sheikh Zayed Grand Mosque (▶ MERIAN TopTen, S. 48) sind kunstvoll mit Reliefblumen geschmückt.

Unterwegs in **Abu Dhabi**

Abu Dhabi, das größte und reichste der sieben Emirate am Arabischen Golf, ist ein Spielplatz für Architekten und ein Wunderland für Besucher.

Abu Dhabi-Stadt

Die spannungsreiche Metropole beschreitet selbstbewusst und zukunftsorientiert ihren Weg zwischen Tradition und Moderne, Bescheidenheit und Luxus.

◄ Blick auf die Skyline von Abu Dhabi-Stadt (► S. 43), eine glitzernde, himmelragende Wolkenkratzerlandschaft.

Abu Dhabi-Stadt   E 4

2,5 Mio. Einwohner
Stadtplan ► Klappe vorne, S. 68/69

Im Teppich-Souk um die Preise feilschen, in der gewaltigen **Sheikh Zayed Grand Mosque** ergriffen staunen, Adrenalinkicks im **Ferrari-Vergnügungspark** oder die Neuinterpretation eines Souks durch Stararchitekt Sir Norman Foster – in Abu Dhabi erleben Sie Gegensätze, die typisch sind für die reiche, aber doch traditionsverhaftete Stadt.

Später als in Dubai und behutsamer öffnete sich Abu Dhabi dem internationalen Tourismus. Doch Projekte, die hier realisiert werden, sprengen herkömmliche Vorstellungen. Die erste Phase begann mit der Eröffnung des Luxushotels **Emirates Palace** im Jahre 2005, einem Palast, der sowohl als Hotel als auch als Unterkunft für Staatsgäste dient, neues Wahrzeichen eines modernen Abu Dhabi und Reaktion auf das in Dubai erbaute Hotel Burj Al Arab. Phase zwei begann mit der (lange angekündigten) Eröffnung des Louvre Abu Dhabi Ende 2017 auf Saadiyat Island. Fantastisch ist dessen Architektur, die die ausgestellten Bilder und Kunstwerke nahezu in den Hintergrund drängen. Eine Meisterleistung, die dem Emirat die lang ersehnte und teuer erkaufte internationale Beachtung bringt

Es gibt viele Orte in Abu Dhabi, die man aufsuchen sollte, wenn die Sonne langsam untergeht: Man kann etwa erleben, wie gegenüber von Breakwater Island eine glitzernde Skyline entsteht, die an Manhattan denken lässt, Hochhäuser, Wolkenkratzer und Luxushotels, die aus dem ganzen Spektrum der Designmöglichkeiten des 21. Jh. schöpfen. Dass man in Arabien ist, wird einem bewusst, wenn man (etwa von einer der Terrassen des Hotels Shangri-La) auf die Sheikh Zayed Moschee blickt, arabische Sakralarchitektur in ihrer vielleicht großartigsten Form.

⭐ MERIAN Tipp

EMIRATI EXPERIENCE

Ein neues Besucherprogramm, von einheimischen Gastgebern konzipiert, ermöglicht Einblicke ins Alltagsleben der Emiratis.   ► S. 19

Um ein Gefühl für die weitläufige Metropole zu bekommen, muss man unterwegs sein, vielleicht auch im Leihwagen, schließlich verlocken günstige Preise und kaum befahrene Stadtautobahnen dazu. Ein Muss ist beispielsweise die Tour, die über **Yas Island** und **Saadiyat** in bzw. aus der Stadt führt; dazu nimmt man (aus Richtung Dubai kommend) den sogenannten Yas Leisure Drive, um entspannt zwischen Bougainvilleen, Gräsern und Palmen zu cruisen – auf Stadtautobahnen, die erst vor kurzer Zeit aus dem Nichts entstanden sind und die über eine weitere kleine Insel und Brücken nach Saadiyat führen. Nach einem Besuch des Louvre, Highlight jedes Abu Dhabi-Besuchs, locken die schneeweißen und feinsandigen Strände der kleinen Insel. Wer nicht die (teuren) Einrichtungen der dortigen Luxushotels benutzen will, genießt die Atmosphäre beim Public Beach.

Stadt der Gegensätze: Vor der Kulisse hypermoderner Wolkenkratzer kreuzen traditionelle Dhaus (▶ S. 44), einst für Fischerei und Perlentauchen eingesetzt.

SEHENSWERTES

Al Bateen Dhow Building Yard (Bateen Shipyard)   ▶ Klappe vorne, a 3

In einer alten Schiffswerft für Dhaus, seit Jahrzehnten auf einer Insel in der Bateen-Lagune an der Westseite der Stadt gelegen und über einen Damm zu erreichen, werden traditionelle Holzboote repariert und neue gebaut. Die neuen sind meist Rennboote für Fest- und Folklorezwecke, Fischfang und Handel erfolgen heute mit modernen (Fiberglas-) Booten. Die Handwerker, fast alle Inder, benutzen traditionelle Techniken, um die Boote in Schuss zu halten, damit sie weiter zum Fischfang eingesetzt werden können. Mit Bastmatten und Palmwedeln schützen sie ihren Arbeitsplatz vor der intensiven Sonneneinstrahlung. Aus baufälligen dunklen Holzschuppen holen sie ihr Werkzeug, das Teakholz wird aus Indien eingeführt.

Khor Al Bateen, Al Bateen (nähe Al Bateen Marine Sports Club), ab Baynunah Street (34th Street) • Sa–Do 7–12 und 16–19 Uhr

Big Bus   ▶ Klappe vorne, nördl. a 1

Hop on, hop off – Ein- und Aussteigen nach Belieben: Ein offener Doppeldeckerbus (mit klimatisiertem Bereich, Sitzplätzen im Freien mit Sonnendach sowie im hinteren Drittel des Oberdecks offenen Sitzplätzen) verkehrt in regelmäßigen Abständen zwischen den bedeutendsten Sehenswürdigkeiten, u. a. Corniche, Emirates Palace, Saadiyat Island, Abu Dhabi Mall und Sheikh Zayed Grand Mosque; an insgesamt 14 Haltestellen kann man die Fahrt unterbrechen. Eine Bandaufnahme (auch auf deutscher Sprache) macht mit den Traditionen der Region vertraut und gibt Erläuterungen zu den Sehenswürdigkeiten.

Marina Mall • www.bigbustours. com • tgl. 9–17 Uhr • Ticket (24 Std. gültig) 270 Dh, Kinder 150 Dh

Central Market   ▸ Klappe vorne, d 2
Über zehn Jahre dauerte es, bis die Lücke, die der Abriss des alten Central Souk, über Jahrzehnte die Lebensader der Stadt, in das Stadtzentrum gerissen hatte, beseitigt war. Vorausgegangen war ein Bauprojekt auf rund 5 ha, das etwa 370 Milliarden Euro verschlang. Entstanden sind die internationale Beachtung erregenden neuen Bauwerke des sog. Central Market, zu dem das **Abu Dhabi World Trade Center**, drei gewaltige Hochhaustürme – ein Hotel, ein Büro- und ein Wohngebäude – ebenso wie die **WTC-Shoppingmall** und der **Souk at Central Market** gehören. Entworfen wurde der neue Central Market vom berühmten britischen Architekten Sir Norman Foster, der bekannt dafür ist, futuristisches Design mit Traditionellem zu verbinden. Besonders der Souk at Central Market (▸ S. 63) zeigt, dass man in Abu Dhabi an die Vergangenheit nur zu gerne anknüpft, ohne das 21. Jh. zu verleugnen. Holzwände mit geometrischen Mustern, die im Stil traditioneller Mashrabiya-Wände gestaltet wurden, strukturieren den Souk. Die kleine und edle WTC-Shoppingmall hingegen wurde modern und edel designt. Auch ein neues Hotel und das Abu Dhabi World Trade Center ziehen die Blicke auf sich.

 Corniche   ▸ Klappe vorne, a–e 2
In einem weiten, rund 7 km langen Bogen verläuft die Meerespromenade im Norden der Stadt, etwa vom Sheraton-Hotel im Osten bis zum Emirates Palace im Westen, eine sechsspurige Schnellstraße, die seit ihrer Verschönerung durch Landschaftsgestalter zum beliebtesten Freizeitbereich der Bewohner wurde. So finden sich parallel zum Meer kleine Parks und Gärten sowie Spielplätze für Kinder, es gibt außerdem Restaurants und Cafés, deren große Terrassen aufs Meer hinausblicken, beliebte Treffpunkte besonders am islamischen Wochenende. Einer der »In«-Plätze ist der öffentliche Badestrand Corniche Beach, ein gepflegter Abschnitt, der Badegästen eine gute Infrastruktur bietet. Von der Meerespromenade aus kann man auch die hohen, in der Nachmittagssonne kupfern glühenden Sanddünen der vorgelagerten Lulu Island erblicken.

MERIAN Tipp

JOGGING AN DER CORNICHE
                    ▸ Klappe vorne, a–e 2
Gesellen Sie sich zu den Joggern und erlaufen Sie sich die fremde Metropole mit den Augen eines Sportlers. Unterwegs locken Cafés und Bistros zur Einkehr. An vier Stellen lassen sich auch Fahrräder mieten.   ▸ S. 19

Emirates Palace
                    ▸ Klappe vorne, a 1
Weithin sichtbar liegt das prächtige Hotel Emirates Palace am westlichen Ende der Corniche, ein orientalischer Palast, der in verblüffender Weise dem entspricht, wie Kinder ein entsprechendes Bauwerk aus Tausendundeiner Nacht malen würden. Eine Vielzahl von Kuppeln schmückt die Dächer, sie umrunden

die zentrale Kuppel, die 42 m hoch und mit goldenen und silbernen Mosaikkacheln verziert ist. Der von einer britischen Architektengruppe entworfene Palast dient nicht nur als Hotel (von Kempinski gemanagt), sondern auch als Kongresszentrum und Herberge für Staatsgäste. Allein diesen ist der Haupteingang vorbehalten: Durch einen Torbogen und vorbei an Springbrunnen geht es nach oben zu dem auf einem Hügel thronenden Bauwerk. Alle anderen Besucher benutzen die Seitenauffahrt, die kaum weniger eindrucksvoll ist. Das Innere des Emirates Palace ist in ein weiches honiggelbes Licht getaucht, das durch Seitenfenster der Zentralkuppel fällt. Decken und Pilaster, Stuckornamente und Bogengänge sind vergoldet, mehr als 1000 Kristallleuchter funkeln um die Wette. Eine gewaltige Schar von Angestellten aus 45 Ländern bewegt sich durch den 800 m langen Palast, in dem die Orientierung – angesichts der überall identischen Prachtentfaltung – nur funktioniert, wenn man den diskret angebrachten Hinweisschildern folgt, etwa zu einer der zahlreichen Ausstellungen sowie Kultur- und Musikveranstaltungen, die hier jeden Monat stattfinden. Während des jährlichen Filmfestivals im Oktober ist das Hotel voll belegt, und es finden hier Premierenfeiern statt. Es lohnt sich nicht nur, durch die Gänge zu schlendern, vielleicht den »high tea« im Le Café zu nehmen, sondern auch durch einen Teil des öffentlich zugänglichen Parks zu spazieren (der 1,3 km lange Privatstrand hingegen ist den Hotelgästen vorbehalten).

Ras Al Akhdar, Corniche Road West • www.emiratespalace.com

Al Ettihad (Ittihad) Square

▶ Klappe vorne, d 2

Das nördliche Ende der breiten Sheikh Rashid Bin Saeed Al Maktoum Road (früher Airport Road und nach weiteren Straßenbauten zur Flughafenanbindung heute Old Airport Road) wurde zwischen Corniche Road und Hamdan Street in einen lang gestreckten Park umgewandelt: Palmen und englischer Rasen, Bougainvilleen und Petunien gedeihen zwischen Hochhäusern und Autoverkehr. Die untere Hälfte heißt Heritage Garden und wurde mit Denkmälern – riesige Kaffeekanne, Kanone und Rosenwasserflakon – verschönert. Eine kleine Moschee wirkt wie ein Fremdkörper.

Al Ettihad Square

Etihad Towers ▶ Klappe vorne, a 2

Die fünf gewaltigen Türme, die zwischen 217 und 305 m hoch aufragen und Adresse repräsentativer Apartments und Firmen sowie eines Jumeirah Hotels sind, prägen die Skyline der Stadt. Im 74. Stock von Turm 2 wurde mit dem »Observation Deck at 300« eine Aussichtsplattform auf 300 m Höhe eingerichtet. Durch die bodentiefen Fenster hat man eine grandiose Sicht auf die umliegenden Gebäude und die Corniche, sieht das Emirates Palace Hotel von oben und das Meer.

⭐ **5** **MERIAN Tipp**

PICKNICK IM PARK ▶ Klappe vorne, a 1
Einen besseren Ort für einen Brunch mit Erinnerungswert gibt es in Abu Dhabi wohl nirgends als im Park des Emirates Palace Hotel. ▶ S. 20

Der von Springbrunnen und Palmen gesäumte Eingangsbereich des prächtigen Hotels Emirates Palace (▸ MERIAN TopTen, S. 45) macht Eindruck.

Jumeirah Hotel, Etihad Towers, Corniche West Road • tgl. 10–18 Uhr • Eintritt 95 Dh (inkl. einem Gutschein über 55 Dh, der im Restaurant eingelöst werden kann)

⭐ Heritage Village 👫

▸ Klappe vorne, b 1

Das schon wegen seiner Lage auf dem Breakwater und am Meer, mit Ausblicken auf die Skyline von Abu Dhabi, sehenswerte Freilichtmuseum ist besonders in den späten Nachmittagsstunden, an Wochenenden sowie Feiertagen einen Besuch wert. Dann sind die Wege des Heritage Village, das das Leben der Bewohner vor dem Ölboom zeigen soll, belebt, schlendert man zusammen mit den »locals« durch den Nachbau einer Beduinen-Wüstensiedlung, besichtigt die nachgebauten Werkstätten von Töpfern und Webern. In Beduinenzelten und Shops werden die kleinen Dinge des Lebens am Golf verkauft, die man noch Anfang des vorigen Jahrhunderts benutzte: einfache Haushaltsgeräte, Spazier-

cke, Henna. Der aus eingefärbtem Beton hergestellte Nachbau eines Falaj-Kanals und ein Zebu-Ochse, mit dessen Hilfe Wasser aus einem Brunnen ans Tageslicht befördert und in die Verteilungskanäle geleitet wird, demonstrieren, auf welch kluge Weise man in früheren Jahrhunderten Wasser zu den Feldern transportierte. In einem Museum, architektonisch einem kleinen arabischen Fort nachempfunden, sind Exponate zur Geschichte der Herrscherdynastien, historische Briefe und altertümlich aussehende Fotos in Schwarz-Weiß versammelt; darüber hinaus sind im Innenhof des Museums mehrere historische Dhaus ausgestellt. Mitunter können Kinder auf ein Kamel steigen und werden einige Meter durch die Anlage geführt, Esel und Pferde stehen dazu ebenfalls bereit.

Breakwater • Tel. 02/6 81 44 55 • www.torath.ae • Sa–Do 9–17, Fr 15.30–21 Uhr • Eintritt frei

6 ⭐ **MERIAN Tipp**

ABU DHABI FALCON HOSPITAL   🏛 E 4

Im Krankenhaus für Falken werden verletzte und kranke Tiere behandelt. Bei einem Besuch in dem öffentlichen Falkenkrankenhaus (mit angeschlossenem Museum) kann man nahezu jeden der Untersuchungs- und Behandlungsschritte verfolgen.   ▶ S. 20

Al Hosn Palace   ▶ Klappe vorne, d 2

Der auch »White Fort« genannte Palast wurde 1793 errichtet und war jahrhundertelang der Wohnsitz von Abu Dhabis Herrscherfamilie. Die befestigte Wohnanlage wurde mehrfach umgebaut, ist heute Abu Dhabis einziges historisches Bauwerk und genießt dementsprechende Bedeutung. Um einen Innenhof gruppieren sich zahlreiche Räume, die durch Gänge verbunden sind, und ein von Zinnen gekrönter Turm dominiert den Nordosten des Forts. Während der Renovierung des Forts wurde in einem zeltartigen Behelfsbau die Qasr Al Hosn Exhibition eingerichtet, mit durchaus interessanten Ausstellungen zur Entwicklung Abu Dhabis. Es lohnt sich auch, einen der regelmäßig gezeigten, etwa halbstündigen Filme in englischer Sprache über die Entwicklung Abu Dhabis bzw. über besondere Aspekte des Emirats zu sehen, die hier in einer abgeschirmten Ecke gezeigt werden (tgl. 16–23 Uhr).

Airport Road/Sheikh Zayed the 1st Street • www.adach.ae

⭐ **4** Sheikh Zayed Grand Mosque
▶ S. 68, b 4

Ähnlich wie das indische Taj Mahal fasziniert dieses großartige Bauwerk jeden Besucher. Bereits aus der Ferne wirkt die gewaltige, schneeweiße Moschee, eine der größten der Welt, mit ihren zahlreichen Kuppeln und Minaretten wie eine Märchenkulisse aus Tausendundeiner Nacht. Was auf westliche Besucher so romantisch wirkt, genießt bei den gläubigen Moslems höchste Verehrung. Der von allen hoch geschätzte und 2004 verstorbene Sheikh Zayed persönlich gab den monumentalen Bau in Auftrag – anders als im benachbarten Dubai wählte man kein Hotel, kein Hochhaus und keine künstliche Insel, um die übrige Welt auf sich aufmerksam zu machen. Glanz und

Glorie des Bauwerks widmete man vielmehr einem höheren religiösen Ziel. Jedes einzelne Bauelement der Moschee soll in diesem Sinne die besondere Hingabe der Moslems zu Allah ausdrücken: angefangen von der gewaltigen Hauptkuppel mit 85 m Höhe und 33 m Durchmesser bis zu den 79 weiteren Kuppeln und den vier über 100 m hohen Minaretten. Das Innere der Sheikh Zayed Moschee zeigt einerseits eine kaum zu übertreffende Prachtentfaltung, vermittelt andererseits – wenn sie außerhalb der Gebetsstunden von ausländischen Besuchern aufgesucht wird – einen Eindruck von der Weite und Erhabenheit des Raumes. In diesem Sinne kann ein Besuch des Sakralbaus auch – einmal abgesehen von kunsthistorischen Aspekten – überaus lohnenswert sein und Ruhe und Entspannung vermitteln. Mindestens eine Stunde sollte man sich mit der Besichtigung schon Zeit lassen, etwa um über den nahezu 5600 m^2 großen Teppich zu schlendern, der – entworfen vom iranischen Künstler Al Khaliqi – von insgesamt 1200 Frauen aus dem Nordiran handgeknüpft wurde. Nirgendwo sonst zu sehen ist auch ein Kronleuchter, wie er in 70 m Höhe die vergoldete Kuppel des Hauptschiffes schmückt: mit über 10 m Durchmesser und 15 m Höhe sowie über einer Million Kristallen handelt es sich um den weltweit größten Swarovski-Leuchter. As-Salam (Der Frieden), Al Fattah (Der Öffnende) und Al Basir (Der Sehende) sind drei von 99 unterschiedlichen Bezeichnungen für Allah, die in kufischen Schriften und sichtbar durch High-tech-Lichtsysteme die unauffällig gestaltete Quibla-Wand zieren.

Khaleej Al Arabi Street • www.szgmc. ae • Sa–Do 9–22, Fr 16.30–23 Uhr,

Der Al Ettihad Square (▶ S. 46) wird von überdimensionalen Skulpturen – Symbole nationaler Identität – dominiert, u.a. einer Kaffeekanne und einer Kanone.

Initiativ und kreativ: Im Women's Handicraft Centre (▶ S. 51), von einer Frauenkooperative betrieben, zeigen Frauen den Besuchern traditionelles Kunsthandwerk.

Führungen So–Do 10, 11, 17,
Fr 17, 19, Sa 10, 11, 14, 17, 19 Uhr •
Frauen müssen gewöhnlich eine
»Abaya« entleihen (im Unterge-
schoss unter dem Parkplatz), dazu
ist ein Pass vorzulegen • Eintritt frei

MUSEEN

The Library of Sheikh Zayed Grand
Mosque Centre   ▶ S. 68, b/c 4

Nicht nur für Bibliophile und Koran-
Forscher: Die Bibliothek begeistert
kulturinteressierte Besucher mit ihrer gewaltigen Größe; sehenswert ist
eine Ausstellung von Zigtausenden
von Koranversen und Kalligrafien,
Zeugnissen religiöser Kunstentfal-
tung, einzigartig in der Welt. Wis-
senschaftlern und einem am Islam
interessierten Publikum wird darüber hinaus die Möglichkeit gegeben,
sich mithilfe von Büchern, For-
schungsarbeiten, Magazinen und
Filmberichten ihrem jeweiligen For-
schungsschwerpunkt zu widmen.
Alle anderen genießen die Lage der
Bibliothek: Untergebracht im dritten
Stock des nördlichen Minaretts der
Sheikh Zayed Grand Mosque bietet
sie dem Besucher einen fantastischen Rundumblick.
Khaleej Al Arabi Street, 3. Etage des
Nordminaretts • www.szgmc.ae • für
Frauen besteht »Abaya«-Pflicht (die-
se kann man im Untergeschoss unter
dem Parkplatz entleihen, dazu ist ein
Pass vorzulegen) • So–Do 9–18 Uhr •
Eintritt frei

Sheikh Zayed Centre
(Zayed Exhibition)   ▶ Klappe vorne, a 2

Das Museum kann noch etwas vom
Lebensgefühl Abu Dhabis im letzten
Jahrhundert vermitteln, als die Stadt
vor der Transformation einer Klein-
stadt in eine hypermoderne Metropole nach dem Vorbild Dubais stand.
Versammelt in einem liebevoll im

Stil eines kleinen arabischen Forts gestalteten Bauwerks sind zum Beispiel drei ehemalige »Lieblings«-Autos, mit denen Sheikh Zayed noch in den 1970er- und 1980er-Jahren durch die Straßen von Abu Dhabi zu fahren pflegte: BMW, Maybach und ein chromglänzender blauer Mercedes – nostalgische Zeugnisse mit dem allzu schnell verblassenden Glanz einstiger Prestigeobjekte. Daneben sind Geschenke ausgestellt, die der Emir auf seinen Besuchen in Afrika von den damaligen Staatsoberhäuptern geschenkt bekam, u. a. etwa ausgestopfte Löwen und Leoparden – Erinnerungen an gemeinsame Safaris –, Schlangenhäute und Jagdwaffen. In einer Fotogalerie sind Schnappschüsse vereint, die den arabischen Herrscher in Begegnung mit Politikern, Königen und Staatsoberhäuptern auf der ganzen Welt lächelnd und Hände schüttelnd zeigen. Das Museum liegt im Westen von Abu Dhabi-Stadt in Al Bateen, einem noch weitgehend vom Bauboom verschont gebliebenen grünen Stadtteil; zum Teil verbergen sich hinter üppig blühenden Hecken die noblen Villen begüterter Einheimischer, auch Mitglieder der weitverzweigten Herrscherfamilie unterhalten in Al Bateen ihre von außen kaum einsehbaren Domizile.

Al Bateen, Baynunah Street (nähe Hotel Intercontinental) • Tel. 02/6 65 95 55 • So–Do 9–16 Uhr • Eintritt frei

UAE Currency Museum

▶ Klappe vorne, b 3

Wohl eher wegen des kostenlosen Eintritts kommen viele westliche Besucher in das kleine, 2013 eröffnete Museum, das sich der Geschichte des Dirham widmet; denn noch: Wenn man einmal da ist, entdeckt man doch einiges, was interessant ist, und man bleibt länger, als man vorhatte. Das Museum wurde geschaffen angesichts des 40-jährigen Bestehens der Central Bank und zeigt die verschiedenen Stadien, die die Währung des Landes in diesen Jahren durchlief. Ausgestellt sind auch historische Münzen, u. a. Leihgaben emiratischer Sammler.

Central Bank, Erdgeschoss, Al Bateen, Baynunah Street • So–Do 9–15 Uhr • Eintritt frei

Women's Handicraft Centre

▶ Klappe vorne, c 5

Das von einer Frauenkooperative betriebene und von der Regierung unterhaltene Kunsthandwerksmuseum zeigt in einer Ausstellung die Vielfalt des lokalen Kunsthandwerks, nämlich Webereien, Stickereien, Töpferei und Schmuckherstellung. In einigen weiteren Räumen, untergebracht in traditionellen Barasti-Hütten, sitzen die Kunsthandwerkerinnen auf dem Fußboden und demonstrieren die Herstellung traditioneller Sadu-Webarbeiten in sanften Erdtönen, die noch vor wenigen Jahrzehnten als Decken und Bekleidung sowie für Kamele benutzt wurden und heute weitgehend aus dem Leben der Einheimischen verschwunden sind. Die Sadu-Webkunst wurde 2011 in die UNESCO-Liste des immateriellen kulturellen Welterbes aufgenommen. In einem Shop gibt es Postkarten, Handarbeiten, die sich wunderbar als Souvenirs eignen, und Bücher zu kaufen.

Abu Dhabi Women's Association Complex, Al Mushrif, Karama Street • Tel. 02/4 47 66 45 • Mo–Do 9–15 Uhr • Eintritt frei

SPAZIERGANG

Stadtplan ▸ Klappe vorne

Der Spaziergang startet im Westen der **Corniche** ⭐, an der Stelle, an der auch die ausgedehnten Grünanlagen den mitunter sehr dichten Verkehr vom Spaziergänger abschirmen und den uneingeschränkten Genuss von Meer und Abu Dhabis einzigartiger Skyline ermöglichen.

Man biegt auf eine ehemalige Dammstraße ab, deren Westseite durch Landgewinnung erweitert wurde und die ein Konterfei von Sheikh Zayed überspannt, und sieht in der Ferne bereits das Zeltdach der **Marina Mall**, eines Einkaufskomplexes, mit einem über 100 m hohen Aussichtsturm mit Drehrestaurant. Die Straße führt zum **Breakwater**, einem Wellenbrecher, der seinerzeit aufgeschüttet und dann zwecks Landgewinnung erweitert und entwickelt wurde. Vor der Mall erstreckt sich ein großer Parkplatz, hier findet man Taxis, und hier hält auch der **Big Bus** für seine Stadtrundfahrten. Gegenüber der Marina Mall liegen im Hafen für Sportboote auch einige kleinere Jachten, einen herrlichen Ausblick – auch zur Skyline der Corniche – bieten ein Café auf einer Terrasse der Mall und das Havana Café am Hafen. Geht man vom Jachthafen rechts weiter auf Breakwater, passiert man einige Restaurants und gelangt schließlich zum **Heritage Village** ⭐, das sich rechter Hand befindet und dessen Besuch man sich auf keinen Fall entgehen lassen sollte. Anschließend ist es auf Breakwater nicht mehr weit zum **Abu Dhabi Theatre**, einem prächtigen Bauwerk in klassischer islamischer Architektur, mit einer großen weißen Kuppel und von zahllosen Mosaiken ver-

ziert, von Palmen umgeben und Schauplatz der Abu Dhabi Classics und des Abu Dhabi Filmfestivals. Wenn das Abu Dhabi Theatre geöffnet ist, lässt sich der Spaziergang in seiner Cafeteria bei einem arabischen Kaffee abschließen. Übrigens: Neben dem Theater ragt ein Flaggenmast (»flag pole«) 122 m in den Himmel mit der größten Fahne der VAE: drei horizontale Streifen in (von oben nach unten) Grün, Weiß, Schwarz und ein breiterer roter Streifen an der Mastseite.

Dauer: 2 Std.

ÜBERNACHTEN

Four Seasons Hotel Abu Dhabi at Al Maryah Island   ▸ Klappe vorne, östl. f 2

Eine Terrasse über dem Golf • Mit starken Ausblicken auf das Wasser und die Skyline verwöhnt das futuristische Hochhaushotel, die richtige Adresse für luxusverwöhnte Designliebhaber. Von den ultracoolen Lounge-Bereichen, dem tollen Spa zu den vielen außergewöhnlich gestylten Restaurants: Selten gibt es in einem Hotel so viel zu entdecken und zu genießen.

Al Maryah Island • Tel. 02/333 22 22 • www.fourseasons.com/abudhabi • 299 Zimmer • €€€€

Jumeirah at Etihad Towers

▸ Klappe vorne, westl. a 2

Für Designliebhaber • Erst im Foyer offenbart sich die grandiose Architektur des Hotels. Gewaltige gläserne Türen geben den Blick frei auf die Küste und Wasserspiele. Diverse Sitzgruppen beleben das Interieur, edel-minimalistische Einrichtung prägt die Zimmer und Suiten, ein Stil, den auch die Restaurants verkörpern, längst Treffpunkte der ara-

Das Heritage Village (▸ MERIAN TopTen, S. 47, 52), das auch von den »locals« gerne besucht wird, bietet interessante Einblicke in die Zeit vor dem Ölboom.

bischen Society. Ein City-Hotel für höchste Ansprüche, gegenwärtig leider noch von Baustellen umgeben. Ras Al Akhdar, Corniche West Road • Tel. 02/8 11 55 55 • www.jumeirah. com • 382 Zimmer • ♿ • €€€€

Ritz Carlton Grand Canal ▸ S. 68, c 4
Palast-Stil • Viel Marmor, Gold und Stuck, üppige Blumengebinde und ein Heer von diskret-freundlichen Angestellten sind die Erfolgsrezepte des Hotels im venezianischen Palast-Stil. Für rustikale arabische Atmosphäre sorgt ein kleiner Soukbereich am Meer und ein einfaches Restaurant unter einem Palmenstrohdach. Khor Al Maqta • Tel. 02/818 88 88 • www.ritzcarlton.com • 447 Zimmer • ♿ • €€€€

Cristal Abu Dhabi ▸ Klappe vorne, d 3
Neben der Shoppingmall • Ein Business-Hotel mit Blick auf die Skyline, gepflegt und international geführt, edel möblierte Zimmer und Suiten, Spa und Indoor-Swimming-pool. Gästen steht das Gems Restaurant mit offener Showküche und ein Café in der Lobby zur Verfügung. Sheikh Zayed the 1st Street (Elektra Street, 7th Street), neben dem Madinat Zayed Shopping Centre • Tel. 02/ 6 52 00 00 • www.cristalhospitality. com • 192 Zimmer • ♿ • €€€

🌿 **Eastern Mangroves Hotel & Spa by Anantara** ▸ S. 68, b 3
Mit Marina • Der Name Anantara steht für Stil und Luxus, Umweltbewusstsein und großartige Spas. So auch dieses Resort, eines der schönsten der Stadt, mit großzügig gestylten Zimmern mit dezenten orientalischen Elementen. Buchen Sie unbedingt ein Zimmer, das ausgerichtet ist zu dem angrenzenden Mangrovenreservat, genießen Sie

die vorzüglichen Büfetts und exquisiten Wellness-Treatments.
Sheikh Zayed Street (Salam Street) • Tel. 02/6 56 10 00 • www.anantara. com • 223 Zimmer • €€€

Al Raha Beach ▸ S. 69, e 4
Luxus am Strand • Das an der gleichnamigen Bucht an einem privaten Strand liegende Resort bietet sich an für einen komfortablen und ruhigen Strandurlaub; neben Außenpools ist auch ein Indoorpool vorhanden. Ins 25 km entfernte Zentrum von Abu Dhabi-Stadt verkehrt ein hoteleigener Shuttlebus.
Al Raha Corniche (nähe Flughafen) • Tel. 02/5 08 05 55 • www.danat hotels.com • 110 Zimmer • ♿ • €€€

Shangri-La Qaryat Al Beri ▸ S. 68, c 4
Opulenz mit Traumblick • Romantisch und luxuriös präsentiert sich das Resort am Südrand der Stadt, Gäste genießen einen grandiosen Blick auf die gegenüberliegende Sheikh Zayed Grand Mosque. Daneben lockt eines der schönsten Spas von Abu Dhabi sowie der im historischen Stil errichtete Souk Qaryat Al Beri. Das Hotel stellt den Gästen außerdem einen 1 km langen, feinsandigen Privatstrand zur Verfügung.
Bain Al Jessrain, Between the Bridges • Tel. 02/5 09 88 88 • www.shan gri-la.com • 214 Zimmer • ♿ • €€€

 FotoTipp

MÄRCHENKULISSE
Von den Außenbereichen des Hotels Shangri-La Qaryat Al Beri ergibt sich ein fantastischer Blick auf die Sheikh Zayed Grand Mosque – besonders in der Dämmerung. ▸ S. 54

Traders Hotel ▸ S. 68, c 4
Gewisses Etwas • Die von Shangri-La betriebene Hotelkette ist preislich günstiger und überzeugt durch die richtige Mischung aus Komfort und farbenfrohem, jungem Design, und auch das opulente Frühstücksbüfett ist, was Angebot und Qualität betrifft, fantastisch. Dazu genießt man eine relaxte Strandatmosphäre mit Verwöhnservice und kann am Wasser entlang zum Hotel Shangri-La und dem Souk Quaryat Al Beri bummeln. Ein hoteleigenes Spa- und Wellnesscenter sorgen für körperliches Wohlbefinden der Gäste nach dem Sightseeing.
Qaryat Al Beri, Bain Al Jessrain • Tel. 02/510 88 88 • www.shangri-la. com • 301 Zimmer • ♿ • €€€

Courtyard by Marriott World Trade Center ▸ Klappe vorne, d 2
In prominenter Lage • Eine bessere Innenstadt-Adresse gibt es kaum, verbunden mit WTC Souk und Mall, bietet das Hochhaus schnörkellosen Komfort, modernes Design und professionellen Service. Mit tollem Pool-Deck, mehreren guten Restaurants und Bars. Online ist das renommierte Hotel immer wieder zu Sonderpreisen buchbar.
Hamdan Bin Mohammed Street • Tel. 02/811 56 66 • wwww.marriott. de • 195 Zimmer • €€–€€€

One to One ▸ Klappe vorne, e 4
Farbharmonie in Weiß-Braun • Das bei europäischen Gästen beliebte Mittelklassehotel präsentiert sich im Stil eines modern interpretierten Beduinendorfs. Einzelne Gebäude verfügen über einen Pool auf den Dachterrassen. Geräumige, modern und zurückhaltend gestaltete Zimmer.

Minimalistisch im Stil, opulent im Service: Die bekannte Luxushotelgruppe Jumeirah (▶ S. 52) hat sich in das markante Quintett der Etihad Towers einquartiert.

The Village, Al Salam Street (8th Steet) • Tel. 02/4 95 20 00 • www.onetoonehotels.com • 128 Zimmer • ♿ • €€

Oryx ▶ Klappe vorne, e 2
Nahe der Corniche • Das gepflegte Hochhaushotel wartet mit Spa und Fitnessbereich sowie kleinem Pool auf der Dachterrasse auf. Großes Plus: Abu Dhabis Besucherattraktionen, wie Emirates Palace, Marina Mall und Beach Club an der Corniche, sind zu Fuß erreichbar.

Al Khalidiya, Zayed the 1st Street (Elektra Street) • Tel. 02/6 81 00 01 • 96 Zimmer, 32 Suiten • ♿ • €€

Ramada Downtown ▶ Klappe vorne, b 2
Entspannter Luxus • Zufriedene Besucher sprechen für das gut geführte Mittelklassehotel, mit promptem Hausservice, üppigen Frühstücksbüfetts und gut gestylten Zimmern. Neben einem Restaurant und Café gibt es für die Gäste eine Weinbar sowie ein Business Center, Pool und Health Club.

Tourist Club Area, 8th Street • Tel. 02/
6 59 76 66 • www.ramadadowntown
abudhabi.com • 112 Zimmer • &. • €€

Premier Inn Capital Centre

▶ S. 68, b 4

Design & Service • Sehr angenehmes, modernes und sauberes Hotel, das sich durch einen internationalen, kosmopolitischen Stil auszeichnet. Kleine, gut designte Zimmer, schicker Poolbereich, Whirlpool und Fitnesscenter und ein umfangreiches Frühstücksbüfett. Freundliches, zuvorkommendes Personal. Angesichts des Preises für Abu Dhabi ein absolutes Schnäppchen. Al Khaleej, Al Arabi Street, neben Abu Dhabi National Exhibition Centre (ADNEC) • Tel. 02/8 13 19 99 • www. global.premierinn.com • 242 Zimmer • &. • €–€€

Mercure Centre Hotel

▶ Klappe vorne, d 2

Zentral im Geschäftsviertel • Neben der Shoppingmall Hamdan Centre liegt das Mittelklassehotel, das zwar etwas in die Jahre gekommen ist, jedoch im gewohnten Mercure-Standard aufwartet. Zum Hotel gehören vier Restaurants sowie eine Sport-Bar. Gäste-Shuttle zur Marina Mall und zur Abu Dhabi Mall. Al Markaziyah, Hamdan Bin Mohammed Street • Tel. 02/6 33 35 55 • www. mercure.com • 215 Zimmer • €

ESSEN UND TRINKEN

Fishmarket

▶ Klappe vorne, a 2

Außenterrasse am Meer • Das lebhafte Restaurant, das mit Rattanmöblierung und Phuket-Flair aufwartet, gehört bereits seit vielen Jahren zu den beliebtesten und angenehmsten Lokalen der Stadt. Nahe am

Jachthafen des InterContinental Hotels bietet es legere Atmosphäre, die an einen Thai-Markt erinnern soll. Man wählt Fisch und Meeresfrüchte sowie Gemüse an einer Theke aus und nennt die gewünschte Zubereitungsart – bei einem Mai Thai genießt man dann das Warten auf das frisch gekochte Gericht. Hotel InterContinental, King Abdullah Bin Abdulaziz Al Saud Street • Tel. 02/6 66 68 88 • www.inter continental.com • tgl. 12.30–16 und 19–23 Uhr • €€€€

Mezlai

▶ Klappe vorne, a 1

Eine Rarität im Emirat • Eine der seltenen Gelegenheiten, in den VAE die einheimische Küche kennenzulernen, ist dieses Restaurant im Hotel Emirates Palace. Zur Begrüßung nimmt man einige Schlucke des traditionell mit Rosenwasser und Kardamom gewürzten Kaffees, bevor man in einer arabischen Wohnhalle Platz nimmt. Chefkoch Al Salem, gebürtiger Emirati, lässt seinen Gästen u. a. auch Kamelfleisch, Kaninchen und Ziege in genuin lokaler Zubereitung servieren, zum Dessert kommen köstliche arabische Süßspeisen auf den Tisch.

FotoTipp

SELFIE VOR DEM DINNER

Der Park vor dem Hotel Emirates Palace ist »der« Ort, um einen Schnappschuss mit dem legendären Palasthotel im Hintergrund zu machen. Wer etwa im Hotel-Restaurant Mezlai zu Abend isst, sollte die Gelegenheit nutzen. In der Dämmerung ist das Licht besonders weich und das Emirates Palace ein einziger Traum. ▶ S. 56

Emirates Palace, Ras Al Akhdar, Corniche Road West • Tel. 02/6 90 79 99 • www.kempinski.com/en/abudhabi • tgl. 13–22.30 Uhr • €€€€

Ray's Grill ▶ Klappe vorne, a 2
Grandiose Aussicht • Vom Prime Beef bis hin zum Master Kobe: Ray's Grill ist nicht nur die beste Adresse, um ein Steak zu essen, sondern auch die höchste, nämlich im 63. Stockwerk in einem der spektakulären Etihad Towers. Als Beilage müssen es wahlweise Ray`s Fries oder Fat Ships sein, davor lässt man sich den Starter des Tages empfehlen.
Jumeirah at Etihad Towers, Corniche Road West • Tel. 02/8 11 56 66 • www.jumeirah.com • tgl. 12.30–15.30 und 19–23.30 Uhr • €€€€

Villa Toscana ▶ Klappe vorne, a 2
Prosecco und Pasta • Beim Betreten der ineinander übergehenden Räume fühlt man sich tatsächlich in eine florentinische Villa versetzt, die authentischen Speisen, u. a. eine original toskanische »Ribollita« (Gemüsesuppe), tun ihr Übriges.
The St. Regis Abu Dhabi, Nation Tower, Corniche • Tel. 02/ 6 94 45 53 • www.villatoscana-abudhabi.com • tgl. 12–15.30 und 19–24 Uhr • €€€€

Al Arish ▶ Klappe vorne, f 1
Emiratische Spezialitäten • Eine der wenigen Adressen in Abu Dhabi, wo noch Landesspezialitäten der lokalen Küche serviert werden. Das Lokal zeigt sich im Barasti-Stil, doch in edlem Rahmen, auch auf der Terrasse – und nach dem Essen bestellt man als Abschluss des Mahls einen Mokka und eine Shisha mit Erdbeeraroma (»strawberry taste«).
Al Mina, Mina Street (am Hafen) • Tel. 02/6 73 22 66 • tgl. 12–16 und 19–23.30 Uhr • €€€

Eine Poollandschaft mit spektakulärem Blick auf die Kugelarchitektur des Aldar Headquarters Building bietet das Hotel Al Raha Beach (▶ S. 54).

Konsumparadies mit Stil: Marina Mall (▶ S. 62) ist Abu Dhabis größte Shopping-mall, die sich auf einer Fläche von 122 000 m² erstreckt.

Cho Gao – Marina Walk

▶ Klappe vorne, a 2

Asien über alles • Dieses pan-asiatische Restaurant ist nicht nur aufregend schön gestaltet – eine Mischung aus altem und neuem China –, sondern verwöhnt mit den besten Gerichten der Thai-, chinesischen, indonesischen wie vietnamesischen Küche, dazu gibt es Dim Sums und eine Sushi & Sashimi Bar. Hotel InterContinental, King Abdullah Bin Abdulaziz Al Saud Street • Tel. 02/6 66 68 88 • Sa–Do 12–1, Do, Fr 12–2 Uhr • €€€

Ushna

▶ S. 68, c 4

Dining an der Lagune • Das Restaurant serviert beste indische und pakistanische Küche; beliebter Treff für europäische »expatriates« und »locals« und abends besonders romantisch. Tipp: einen Platz auf der Außenterrasse am Wasser bestellen.

Souk Qaryat Al Beri, Bain Al Jessrain • Tel. 02/5 58 17 69 • tgl. 12.30–24 Uhr • €€€

Vasco's

▶ Klappe vorne, a 2

Kulinarische Weltreise • Italienische Panini, deftige Steaks, Kanton-Ente und Desserts so gut wie in Frankreich erfreuen die Gäste kulinarisch, die zusätzlich die schöne Atmosphäre unter Palmen am Meer und den herrlichen Blick auf Breakwater genießen. Der freitags und samstags angebotene Weekend-Brunch ist einer der beliebtesten der Stadt und stets gut besucht. Hilton Abu Dhabi, Corniche Road West • Tel. 02/6 81 19 00 • tgl. 12–15.30 und 19–23 Uhr • €€€

Afyä Beach Lounge

▶ S. 68, c 4

Beach-Feeling • Die Lounge ist ein romantischer und überraschend ruhiger Ort. Die Tische stehen zum

Teil im Sand, Kerzen werden angezündet, und das gegenüberliegende Hotel Ritz Carlton sieht in seiner üppigen Beleuchtung wie ein Schloss aus. Die Karte verzeichnet kleinere Gerichte, Steaks und Burger, und auch der glasweise ausgeschenkte Rot- und Weißwein schmeckt gut. Arabische Besucher treffen sich hier auch gerne zu einer Shisha.
Traders Hotel, Bain Al Jessrain • Tel. 02/5 10 88 88 • www.shangri-la. com • tgl. 9–23.30 Uhr • €€–€€€

Al Asalah ▸ Klappe vorne, b 1
Blick auf Abu Dhabis Skyline • Hierher kommt man nicht allein des Essens wegen, sondern vor allem wegen der super Lage und um im Anschluss an den Besuch des Freilichtmuseums Heritage Village arabische »mezze« (Vorspeisen) zu genießen. Von den Gästen besonders geschätzt wird die mit vielen aromatischen Gewürzen zubereitete Linsensuppe. Hinter dem Restaurant liegen Dhau-Repliken am Strand.
Heritage Village, Breakwater • Tel. 02/6 81 59 18 • www.alasalah restaurants.com • tgl. 12–22 Uhr • €€

Hanoi ▸ Klappe vorne, d 2
Vietnamesische Küche • Die stets freundlichen Besitzer bereiten die authentische Küche ihres Landes mit Kreativität und großer Sorgfalt zu. Zur Reis-Nudel-Suppe (»pho«) probiert man ein ungewöhnliches Getränk: den Saft der Ingwerwurzel (»ginger root«); daneben lockt eine Vielzahl an köstlich schmeckenden Gemüsegerichten.
Al Markaziyah, Sheikh Khalifa Bin Zayed Street (gegenüber Al Noor Hospital) • Tel. 02/6 26 11 12 • tgl. 11–24 Uhr • €€

Havana Café ▸ Klappe vorne, b 1
Auf dem Marina Mall Tower • Ab den späten Nachmittagsstunden ist auf der Außenterrasse nur mit etwas Glück ein Platz zu finden. Die exponierte Lage mit Blick auf die Wolkenkratzer der Corniche, die nach Sonnenuntergang kaum zu toppen ist, ist der Hauptgrund. Essen und Service sind von wechselnder Qualität. Gut sind die diversen Kebab-Gerichte.
Heritage Village, Breakwater • Tel. 02/6 81 00 44 • tgl. 9–2 Uhr • €€

Nova Beach Café ▸ Klappe vorne, b 2
Relaxen am Meer • Unter großen Sonnenschirmen nimmt man Platz auf den Lounge-Möbeln und genießt die angenehme Atmosphäre. Zum Frühstück empfiehlt sich die »Taste of Arabia« genannte Combo mit Cappuccino, frischem Orangensaft, Fladenbrot und Hoummus.
Corniche Road West, Corniche Beach Family Section, gate 3 • Tel. 02/6 58 18 79 • tgl. 9–22.30 Uhr • €€

Chhappan Bhog ▸ Klappe vorne, e 3
Indisches Shangri-La • Das zur Royal Orchid-Kette gehörende, sympathische Restaurant bietet allerlei typisch indische Spezialitäten in einem ansprechenden Rahmen. Neben »vegetable cuttles« (frittierten Gemüsebällchen) gibt es »paratha« (knuspriges, frisch gebackenes Fladenbrot), das mit diversen Gemüsecurrys und Chutney serviert wird, sowie ein authentisches »punjab thali« aus Nordindien. Spezialität: köstliche indische Desserts wie »rasgulla« und »gulab jamun«.
Al Salam Street (zwischen 7th und 9th Street) • Tel. 02/6 50 36 66 • www.theroyalorchidgroup.com • tgl. 8–24 Uhr • €

Golden Fork ▶ Klappe vorne, d 2

Asia-Fusion • Die überall in den Emiraten verbreitete Restaurant-Kette steht für ein großes Angebot an philippinischen, chinesischen und anderen asiatischen Spezialitäten, gekonnt zubereitet. Nach dem obligatorischen Süppchen und Toast genießt man z. B. die diversen Tintenfisch- und Garnelengerichte, in der Variante süßsauer oder chilischarf: vom Grill, gebraten, frittiert oder mit einem Potpourri an Gemüse.
Al Markaziyah, Sheikh Khalifa Bin Zayed Street (gegenüber Al Noor Hospital) • Tel. 02/6 27 43 08 • www.goldenforkgroup.com • tgl. 9.30–3 Uhr • €

Lebanese Flower ▶ Klappe vorne, b 2

Der Name sagt's • Bietet solide Qualität. Unbestellt kommen zunächst Wasser, libanesisches Ofenbrot und eine Rohkost-Gemüseschale auf den Tisch. Hier schmecken »hoummus«, »tabouleh« und »falafel« besonders gut. Kein Alkoholausschank.
Al Khalidiya, Khalidiya Street • www. lebaneseflowerrestaurant.net • Tel. 02/6 65 87 00 • tgl. 7–3 Uhr • €

Al Saj Café ▶ Klappe vorne, e 2

Preiswerter Libanese • Hier kommen Köstlichkeiten der libanesischen Küche auf den Tisch, während man sich am schmucken Interieur erfreuen kann. Ein besonders empfehlenswertes Gericht ist etwa »Shawarma«, zubereitet mit einer schmackhaften Sauce und frischen Rohkostsalaten, daneben locken frisch gepresste Obst- und Gemüsesäfte, die bei den hohen Temperaturen wunderbar den Durst löschen.
Madinat Zayed, Hamdan Street/ Sheikh Khalifa Bin Zayed Street

(Elektra Street), hinter Al Hamra Plaza • Tel. 02/6 76 65 68 • tgl. 8–24 Uhr • €

Tandoori Corner ▶ Klappe vorne, d 4

Gutes »curry house« • Das Restaurant serviert nordindische und pakistanische Küche, von Köchen authentisch zubereitet für Gäste, die hauptsächlich aus dieser Region stammen: köstliche Gemüse- und Dhal-(Linsen-)Gerichte, außerdem ein großes Spektrum an frisch gepressten Obstsäften. Frauen und Familien speisen im Obergeschoss.
Al Wahdah, Rashid Bin Saeed Road (Old Airport Road, zw. 13th und 15th Street) • Tel. 02/4 45 86 86 • tgl. 11–24 Uhr • €

EINKAUFEN
BIOLÄDEN
🌿 Organic Foods & Café
▶ Klappe vorne, a 2

Cappuccino mit Sojamilch, Croissants aus Dinkelmehl und gesunde grüne Smoothies: Die 2004 in Dubai gegründete Bio-Ladenkette bietet an Abu Dhabis Corniche in bester Lage einen Laden mit angeschlossenem Café – ein Magnet für gesundheitsbewusste Käufer. Im Café gibt es täglich wechselnde Lunch-Menüs.
Nation Towers Galleria, Corniche Road West • www.organicfoodsand cafe.com • tgl. 9–23 Uhr

🌿 Ripe Market ▶ Klappe vorne, d 5

Das Motto »organic, local, farm fresh« ist sinnvoll: Statt Erdbeeren und Pilzen, die aus Europa eingeflogen werden, setzt sich das von der Britin Becky Balderstone gegründete Unternehmen für Produkte von lokalen, ökologisch arbeitenden Farmbetrieben ein. Im Angebot sind orga-

Neben einer Vielfalt an ethnischen Küchen gibt es in Abu Dhabi-Stadt auch zahlreiche Restaurants, die traditionelle arabische Gerichte, etwa »falafel«, servieren.

nisch angebautes Obst und Gemüse, Käse und Milchprodukte von artgerecht gehaltenen Kühen, Früchte ohne Pestizidrückstände. »Localy grown« – diese weltweite Initiative funkte auch in Abu Dhabi-Stadt.
Umm Al Emarat Park • www.ripeme. com/ripe-markets • Ende Okt.–Mitte April Sa 15–21 Uhr

KUNST
Gallery One ▸ S. 68, c 4
Die in Dubai entstandene Firma vertreibt sehr erfolgreich Fotografien und Drucke. Besucher entdecken ein großes Spektrum beeindruckend schöner Fotos aus Abu Dhabi (wie der gesamten Arabischen Halbinsel), Schwarz-Weiß-Aufnahmen der Wüste und Fotos architektonischer Highlights der Stadt.
Souk Qaryat Al Beri, Bain Al Jessrain, Between the Bridges • Tel. 02/5 58 18 22 • www.g-1.com

SCHMUCK
Madinat Zayed Gold Centre
▸ Klappe vorne, e 3
Eine Besonderheit des Madinat Zayed Shopping Centre ist der angeschlossene Gold Souk, in dem 85 Geschäfte und kleine Juwelierläden Goldschmuck und Uhren verkaufen, die für den europäischen Geschmack jedoch in der Regel zu filigran gearbeitet sind.
4th Street, neben dem Madinat Zayed Shopping Centre • Sa–Do 9–14 und 16–23, Fr 16–23 Uhr

SHOPPINGMALLS
Abu Dhabi Mall ▸ Klappe vorne, f 3
Das gewaltige Einkaufszentrum bietet auf einer Fläche von über 200 000 m² und auf vier Stockwerken in 220 Geschäften und Boutiquen eine breite Auswahl an junger und exklusiver Mode, Kosmetika, Möbeln, Wohnaccessoires, Spiel-

zeug, Schuhen und Schmuck. Ein sogenannter »Hypermarket« hält neben Lebensmitteln auch vieles bereit, was Touristen benötigen können, u. a. preiswerte Koffer zum Verstauen der neuen Anschaffungen. Der Foodcourt – wie gewöhnlich im obersten Stock – lockt mit italienischen, asiatischen und arabischen Selbstbedienungsrestaurants. Tourist Club Area, 2nd Street • www. abudhabi-mall.com • Sa–Mi 10–22, Do bis 23, Fr 15.30–23 Uhr

Galleria   ▶ Klappe vorne, östl. f 3
Cartier und Louis Vuitton: Die Ende 2014 eröffnete Luxus-Shoppingmall mit eindrucksvollem Design, meterhohen Glasfenstern, die den Blick auf die Lagune freigeben, viel Glas und internationalen Shops ist dennoch unverkennbar Abu Dhabi: So gilt hier ein »dresscode« (Schultern und Knie bedeckt) und ein Kussverbot (»no kissing«), worauf Schilder hinweisen. Exquisit sind einige der hier untergebrachten Cafés, z.B. das aus New York stammende Magnolia Bakery (The Exchange Building, Tel. 02/6 74 93 80, www.magnoliabakery. com, So–Mi 7–23, Do 7–24, Fr 10–24, Sa 7–24 Uhr, €€). Reizvoll sind auch die Restaurants im Außenbereich, u. a. Bentley Bistro & Bar, wo an Wochenenden häufig ein DJ für Unterhaltung sorgt. Al Maryah Island, Al Falah Street, Sowwah Square • Tel. 02/6 16 69 99 • www.thegalleria.ae • So–Mi 10–22, Do 10–24, Fr 12–24 Uhr

Madinat Zayed Shopping Centre
▶ Klappe vorne, e 3
Das Shoppingcenter ist keine der sonst in Abu Dhabi-Stadt üblichen Hochglanz-Malls, sondern ein All-time-Favorit bei »normalen« Einheimischen und Gastarbeitern. Erkennungszeichen des Einkaufszentrums, das ein großes Warenangebot (jedoch keine internationalen Marken) im mittleren Preissegment bereit hält, sind seine hohen Arkadengänge. 400 Geschäfte bieten Alltagswaren, Textilien, Kosmetik (auch arabische Parfümöle, Weihrauch etc.), Haushaltswaren und eine reiche Auswahl an Elektronika. 4th Street • www.madinatzayed-mall. com • tgl. 9–23, Fr 14–23 Uhr

Marina Mall   ▶ Klappe vorne, nördl. a 1
Die vor wenigen Jahren erweiterte Mall ist mit ihrer gewaltigen Zeltdacharchitektur bereits ein Klassiker. Hervorragend ist die Lage nahe dem Jachthafen am Breakwater, und der über 100 m hohe Aussichtsturm (mit Restaurant, Coffeeshop und Panoramablick) stellt sicher, dass die Mall die Gegend als »landmark« dominiert. Auf vier Stockwerken (im Untergeschoss gibt es einen Carrefour-Supermarkt und kleinere, günstigere Shops) sind mit Gucci, Louis Vuitton und Chanel auch zahlreiche Luxusmarken vertreten. Daneben gibt es fast zwei Dutzend Restaurants, Cafés und einen Foodcourt, um den während der Shoppingtour aufkommenden Hunger zu stillen, sowie einen gewaltigen Unterhaltungskomplex. In der sogenannten Fun City ist sogar ein eigener Bereich für Kleinkinder reserviert, wo die Kleinen, um sie während des Einkaufsbummels bei Laune zu halten, beispielsweise Achterbahn (10 Dh) fahren können. Ras Al Akhdar, Breakwater • www. marinamall.ae • Sa–Mi 10–22, Do bis 23, Fr 14–23 Uhr

SOUKS

Fish Market ▶ Klappe vorne, f1

Der Fischmarkt ist für ausländische Besucher weniger zum Einkaufen als vielmehr zum Schauen und zum Fotografieren (vorher sollte man um Erlaubnis fragen) geeignet. Die Atmosphäre und das geschäftige Treiben beeindrucken. Es riecht zwar etwas streng, wer dies aber auszublenden vermag, bekommt eine faszinierende Vielzahl von Fischen und exotischen Meerestieren zu sehen; zu den begutachtenden Kunden zählen hauptsächlich Männer. Touristen werden wohlwollend und freundlich willkommen geheißen.
Mina Zayed • tgl. 6–12 Uhr

Mina Carpet Souk ▶ Klappe vorne, f1

Ein original arabischer Gebetsteppich nimmt nicht viel Platz im Koffer ein und kostet wenig, ist aber ein hübsches Erinnerungsstück. Auf dem Carpet Souk g[...] handgeknüpfte Prac[...] viele Quadratmeter [...] deln ist allerdings [...] man jedoch Schätze zu Schnäppchenpreisen erstehen, muss man Fachmann sein, etwa um den Wert der jemenitischen Kleinteppiche und iranischen handgeknüpften Brücken abschätzen zu können.
Mina Road, am Hafen • tgl. 8–20 Uhr

Souk at Central Market

▶ Klappe vorne, d 2

Ein spektakuläres Ensemble von Gebäuden, das über 5 ha Fläche in der Altstadt einnimmt. Bis zu 14 m hohe und 3 m breite Ornamentfenster mit farbigen Glasmosaiken dämpfen das nach innen dringende Licht und erzeugen ein Spiel aus Licht und Schatten, wie es für orientalische Märkte typisch war. Im Kontrast dazu steht die moderne,

Hier ist alles Gold, was glänzt: Das Madinat Zayed Gold Centre (▶ S. 61) verkauft das Edelmetall in traditionellen, aber auch modernen Ausfertigungen.

isch interpretierte Architektur mit deutlichen arabischen Elementen. Zweitrangig wird in diesem ungewöhnlichen Ambiente das Angebot an Waren, das in den kleinen Verkaufsläden bereit gehalten wird: das übliche Sortiment an orientalischen Souvenirs (Sitzkissen, Pashmina-Schals, Schmuck, Teppiche), dargeboten in klimatisierten Läden im Stile von Tausendundeiner Nacht. Besucher können durch das gewaltige Atrium laufen, die Geschäfte und Restaurants (u. a. das In-Café Shakespeare & Co) und – in erster Linie – die richtungweisende Architektur genießen.

Al Markaziyah, zw. Khalifa Street (3rd Street) und Hamdan Street • www.centralmarket.ae/souk • So–Do 10–22, Fr, Sa 10–23 Uhr

Souk Qaryat Al Beri

▶ MERIAN Tipp, S.18

AM ABEND

BARS & LOUNGES
Chameleon Terrace   ▶ S. 68, c 4

Dieser Ausblick ist einmalig: Sie sitzen in bequemen Loungemöbeln, genießen einen Mocktail oder Champagner-Cocktail und sehen am Horizont – einer Fata Morgana gleich – die schneeweißen, nach Sonnenuntergang beleuchteten Kuppeln der Sheikh Zayed-Moschee. Kein Wunder, dass die Trinkfelder hier besonders hoch ausfallen.

Hotel Fairmont Bab Al Bahr, Khor Al Maqta • Tel. 02/6 54 33 33 • www.fairmont.de/abu-dhabi • tgl. 17–24 Uhr

Eight Bar Restaurant   ▶ S. 68, c 4

Eine der »In-Locations« zum Ausgehen am Wochenende, nachdem man im Restaurant gegessen hat (am besten, man reserviert einen Tisch im Freien mit fantastischem Blick auf

Wer auf der Suche nach einem typisch orientalischen Souvenir ist, sollte den Souk at Central Market (▶ S. 63) aufsuchen.

das Meer). Gegen Mitternacht füllt sich der Club, wenn ein DJ auflegt.
Souk Qaryat Al Beri, Bain Al Jessrain, Between the Bridges • ab 17 Uhr

Ray's Bar ▶ Klappe vorne, a 2

Das neue kosmopolitische Abu Dhabi lässt sich in der angesagten Bar, angesiedelt in der 62. Etage und mit Ausblick auf das funkelnde Lichtermeer der umliegenden Hochhäuser, bei einem Glas Prosecco und Lounge Musik vom DJ genießen. Zur »Happy Hour« (tgl. ab 18 Uhr), die mit einem zweiten kostenlosen Drink mit Snacks wirbt, trifft sich hier fast ganz Abu Dhabi, so glaubt man angesichts des Gedränges.
Hotel Jumeirah at Etihad Towers, Corniche Road West • Tel. 02/8 11 56 66 • www.jumeirah.com • tgl. 17–3 Uhr (»dresscode«, Reservierung erforderlich)

Zsa Zsa ▶ Klappe vorne, a 2

Die Hotelbar im edlen Retro-Stil hätte dem ungarischen Hollywood-Star, nach dem sie benannt ist, sicherlich gefallen: bei lauen Nächten auf der Außenterrasse, um Cocktails und ausgefallene Kanapees zu probieren, drinnen, um die extravagante Atmosphäre auf sich wirken zu lassen und ins Gespräch mit anderen Besuchern zu kommen.
Four Seasons Hotel, Al Maryah Island • Tel. 02/3 33 22 22 • www.fourseasons.com/abudhabi • tgl. 15–2 Uhr

LIVEMUSIK
Rock Bottom Café ▶ Klappe vorne, f 2

Rolling Stones, Bruce Springsteen und Co.: Seit 20 Jahren wird hier Rock 'n' Roll gespielt, dazu passt Bier und ein Outfit, das eher leger daher-

kommt. Das Publikum [...] ohne überflüssiges Desig[...] Al Diar Capital Hotel, 2nd [...] Street • Tel. 02/6 78 77 00

★ MERIAN Tipp

BOOTSFAHRT AUF DEM KHOR AL MAQTA ▶ S. 68, c 4

Zwischen den Hotels Ritz Carlton Grand Canal, Fairmont Bab Al Bahr und Shangri-La sowie dem Souk Qaryat Al Beri verkehrt ein Bootsshuttle. Mit diesem können sich die Hotelgäste zu einem Restaurant oder einem abendlichen Einkaufsbummel bringen lassen. ▶ S. 20

SERVICE
AUSKUNFT
Touristeninformation ▶ S. 68, c 4

Al Maqta Fort, Al Maqta Bridge • Tel. 02/44 04 44 • www.visitabudhabi.ae • Sa–Do 8–12 und 16–18 Uhr

AKTIVITÄTEN
Eco Donuts Boats ▶ S. 68, a 3

Skurrile und humorvolle Aktivität, das Richtige auch für Familien mit Schulkindern: Bis zu sechs Personen finden Platz in dem einem Donutkringel nachempfundenen elektrischen Boot mit knallrotem Sonnenschirm, mit dem man nahezu völlig lautlos durch die Mangroven an der Ostseite von Abu Dhabi-Stadt gleitet. Die Boote werden von den Gästen selbst gesteuert.
Eastern Mangroves Marina, Eastern Ring Road (Al Salam Street) • Tel. 0 56/4 80 04 27 • www.belevari.com • tgl. 10–22 Uhr • Fahrt 30 Min. 99 Dh, 60 Min. 149 Dh

Ziele in der Umgebung

◎ Masdar City ► S. 69, f 4

Ein Abstecher nach Masdar lässt sich auch individuell bewerkstelligen. Die futuristische Vorzeige-Ökostadt liegt südwestlich des internationalen Flughafens zwischen Airport Road und E 10, ist gut ausgeschildert und deshalb auch leicht zu finden. Mit dem Mietwagen parkt man am Haupteingang (»main entrance«) an der nordöstlichen (Flughafen-)Seite oder nimmt den Bus 170, der ebenfalls beim Haupteingang hält. Neben dem Parkplatz liegt die PRT Station (Personalized Rapid Transit), kleine Kabinen, mit denen man fahrerlos und computergesteuert zum Campus der hiesigen Universität, dem Institute of Science and Technology, gelangt, der weltweit ersten Hochschule, die sich ausschließlich der Erforschung von ökologisch ausgerichteten Zukunftstechnologien widmet. Fertiggestellt sind sechs futuristisch anmutende Gebäude des Campus, dazu einige Cafés. Man kann sich umsehen und mit den Studenten ins Gespräch kommen. Anschließend lohnt ein Besuch des 2017 eröffneten Masdar Parks. Food Trucks und Stände bieten Tacos, Burger und Falafel, pausieren kann man auf solarbetriebenen Bänken, an denen auch das Handy aufgeladen werden kann.

Khalifa City 'A', Airport Road, gegenüber dem Presidential Flight • www.masdar.ae • tgl. 8.30–22 Uhr
33 km östl. von Abu Dhabi-Stadt

◎ Saadiyat Island ⭐ E 3

Ortsplan ► S. 68/69

Schneeweiße Strände und glasklares Wasser sind die auffälligsten Merkmale der Strände von Saadiyat Island, bislang nur die Adresse von einigen wenigen außergewöhnlichen Luxushotels und privaten Villen um eine neu entstandene Marina. In den Blickpunkt der Welt geriet die nur 500 m östlich von Abu Dhabi liegende, 27 km^2 große »Insel der Glückseligen« durch ihren Kunstdistrikt der Superlative. Neben dem Louvre Abu Dhabi entstehen gegenwärtig weitere von internationalen Stararchitekten entworfene Museen. Sir Norman Foster plante das Zayed National Museum, ein Mega-Bauwerk, das auf 15 000 m^2 und in fünf Abteilungen eine Hommage an den Staatsgründer und ersten Präsidenten der VAE darstellt.

Frank Gehry, ein US-amerikanischer Architekt, wurde beauftragt, eine Dependance des Guggenheim Museums zu errichten. Sein Entwurf aus gestauchten und ineinander geschobenen Quadern, Prismen und Zylindern verblüffte als Modell, gespannt ist nun jeder auf die Fertigstellung. Weitere Pläne betreffen ein Meeresmuseum des japanischen Architekten Tadao Ando zur Geschichte der Seefahrt und ein Performance Center, ein Entwurf der 2016 verstorbenen Architektin Zaha Hadid, zwei weitere gigantische Projekte, über deren Baufortschritt kaum etwas nach außen dringt
500 m östl. von Abu Dhabi-Stadt

SEHENSWERTES

Louvre Abu Dhabi ► S. 68, a 2

Der Ende 2017 eröffnete Louvre Abu Dhabi entwickelte sich zum Besuchermagneten des Emirats. Aufregend, fantastisch, spektakulär: Bei der Architektur des Museums versagt jede Beschreibung. Erst vor Ort spürt man die Faszination, die von

dem Bau ausgeht. Auffälligstes Merkmal ist eine 180 m messende Kuppel, die sich, scheinbar schwerelos, über Museumsräume und Besucher wölbt. Der Pariser Star-Architekt Jean Novel ließ sich inspirieren von den transparenten Barasti-Hütten aus übereinander gelegten Palmzweigen, die einst die Region prägten. Wie in diesen traditionellen Behausungen so dringt hier durch das Geflecht aus Aluminium und Stahl Licht ins Innere. Schlicht gestaltet sind die vielen kubusartigen Ausstellungsräume, in denen die Kunstobjekte präsentiert werden, Leihgaben aus Frankreich. Die Kulturen der gesamten Welt, hier stehen sie dicht beieinander: Gauguin und Van Gogh sind hier zu entdecken, ebenso wie eine frühägyptische Maske und ein Buddhakopf aus China, Grabbeigaben aus Afrika, südamerikanische und asiatische Sammlungen. Und so wandelt man als Besucher von einer Galerie zur nächsten, tritt immer wieder ins Freie und genießt den Durchblick auf das Meer.
Saadiyat Cultural District • www.louvreabudhabi.ae • tgl. 10–20 Uhr • Eintritt 60 Dh, Jugendliche (13–22 Jahre) 30 Dh, Kinder unter 13 Jahren frei

Manarat Al Saadiyat ▶ S. 68, a 2

Die Kunstszene Abu Dhabis findet sich in diesem edel und modern gestalteten Zentrum versammelt. In Zusammenarbeit mit den großen Museen der Welt werden wechselnde Ausstellungen organisiert. Ein Besucherzentrum zeigt dem interessierten Publikum interaktiv die Geschichte und weitere Entwicklung von Saadiyat. Landschaftsdesigner schufen die herrliche Wüstenbe-

pflanzung um den Manarat Al Saadiyat Exhibition Complex.
Gegenüber dem UAE Pavilion • www.saadiyatculturaldistrict.ae • tgl. 10–22 Uhr

UAE Pavilion ▶ S. 68, a 2

Die von Sir Norman Foster entworfene Ausstellungshalle der VAE für die Weltausstellung in Shanghai (2010) wurde zerlegt und Stück für Stück nach Abu Dhabi gebracht, wo aus über 22000 Einzelteilen erneut das spektakuläre Bauwerk entstand, das in China über zwei Millionen Besucher angezogen hatte. Seinen Platz erhielt der Pavillon in der Nähe des Besucherzentrums Manarat Al Saadiyat. Der avantgardistische, rot-golden leuchtende Pavillon aus Stahl gilt als architektonische Interpretation der Wüste: Sieben Sanddünen (die Entsprechung der sieben Emirate), so der Eindruck bei Betrachtern, ragen bis zu 20 m in den Himmel. Das Bauwerk ist ein Highlight bei der seit 2011 stattfindenden Abu Dhabi Art Fair, einer international erfolgreichen Ausstellung, die der zeitgenössischen Kunst gewidmet ist und dem interessierten Publikum bekannte sowie Nachwuchskünstler in den Sparten Malerei, Skulptur, Zeichnung, Installation und Fotografie sowie Video und digitale Medienkunst vorstellt.
Manarat Al Saadiyat Exhibition Centre • www.saadiyat.ae • tgl. 15–22 Uhr

ÜBERNACHTEN

Park Hyatt ▶ S. 68, b 1

Luxus im jungen Design • Im Mangrovengürtel, der Saadiyat Island umgibt, liegt das einzigartige Hotel an einem 9 km langen, unter Naturschutz stehenden Strand. Das Re-

Abu Dhabi mit Saadiyat Island und Yas Islan

1

A r a b i a n   G u l f

Saadiyat Beach

Guggenheim
Abu Dhabi
(in Bau)

Zayed
Nat. Mus.
(in Bau)

St. Regis
Saadiyat
Island Resort

Saadiyat Beach
Golf Club

Sheikh Khalifa Bin Zayed Highway

8 Ripe Market

Louvre
Abu Dhabi

UAE
Pavilion

Manarat
Al Saadiyat

Saadiyat Reserve
Golf Club
(in Bau)

Bisrat Fahid
Island

5

Saadiyat Island

2

Sheikh Khalifa
Bridge

Khor Laffan

*Halat Khams
Island*

Paris Sorbonne
University of
Abu Dhabi

*Umm Yifenah
Island*

*Al Reem
Island*

*Balmrad
Island*

Qasr Al
Bahr

3

*Eastern Mangrove
Lagoon
National Park*

*Sas An N
Island*

Al Saada
St. W.

Muroor Rd.

Airport Rd.

Eastern Ring Rd

3rd Rd.

New Airport Rd.

Al Zahra

Eastern Ring Rd.

Umm Al Nar
Power Station

Al Mushrif

25th St.

22th St.

29th St.

2nd St

Al Matar

Al Bateen
Executive
Airport

Khalifa
Park

Al Maqta
Fort

Al Khaleej

Al Arabi

Abu Dhabi
Exhibition
Centre

Airport Rd.

Al Maqta

2nd Street

Zayed
Sport City

4

4

1 Souk Qaryat
Al Beri

Al Mazoon

Sheikh Zayed
Grand Mosque

7 Khor al Maqta

Khor Al Bateen

Hudayriat Island

Officers
Club

Abu Dhabi
Gate City

a   **b**   **c**

d

e

f

Bel Ghailem
Island

1

Al Bahia

P

Arabian Gulf

amhan
Island

2

Jubail
Island

Northern Golf
Course & Villas
(in Bau)

Yas Island East

Sheikh Khalifa Bin Zayed Highway

Ferrari World
Theme Park

Zeraa Island

Yas Island
West

6

Yas
Water-
world

Yas Mall

P

Ferrari World
Abu Dhabi

maliyyah
and

Yas Links

P

Yas Marina
F1 Circuit

3

*Yas
Beach*

Al Qurayyah
Island

Nakhl
se

Abu Dhabi-Dubai R

Nar
logical Site

Al Raha Beach

3rd Street

Abraj
Towers

Abu Dhabi
International
Airport

Masdar Institute
of Science and
Technology

P

Dhabi-Dubai Rd.

3rd   Street

18th Street

34th St.

20th St.

Street

Masdar
City

New Airport
Park

4

Golf Gardens
Residential
Community

30th St.

23rd St.

16th Street

5th St.

26th St.

Al Ghazal
Golf Club

Abu Dhabi
Golf Club & Resort

Khalifa City A

14th St.

17th St.

25th St.

P

Zayed Cricket
Stadium   d

12th St.

15th St.

16th Street

25th   St.

e

Airport Rd.

N

0   2 km

© MERIAN-Kartographie

sort, erbaut in einem jungen, frisch anmutenden arabischen Stil, besteht aus einzelnen Gebäudeteilen, die u-förmige Palmengärten und eine gewaltige, 50 m lange Poolanlage umgeben. Balkonzimmer ab 50 m² und direkt am Meer gelegene Beach Suiten (120 m²) definieren den hohen Standard des Hotels. Der angrenzende Golf Club und ein vorzügliches Wellnesscenter sind weitere Highlights, die die Hotelgäste in Anspruch nehmen können.
Saadiyat Beach District, Sheikh Khalifa Bin Zayed Hwy. (E12) • Tel. 02/ 4 07 12 34 • www.abudhabi.park. hyatt.com • 306 Zimmer • ♿ • €€€€

St. Regis Saadiyat Island Resort
▶ S. 68, a 1/2
Am schönsten Strand der Emirate • Im klassischen mediterranen Stil gehalten sind die einzelnen Bauwerke, die sich zum nahezu unberührten weißen Sandstrand ausrichten. In der auffällig gestylten Lobby rückt bereits das Türkisblau des Meeres ins Blickfeld; über eine extravagante Treppe – Markenzeichen des St. Regis – gelangt man in das Erdgeschoss, in den von Palmen beschatteten Park und zum Strand. Zahlreiche außergewöhnlich gestaltete Restaurants und Bars verwöhnen u. a. mit thailändischer und libanesischer Küche.
Saadiyat Beach District, Sheikh Khalifa Bin Zayed Highway • Tel. 02/ 4 98 88 88 • www.stregissaadiyatisland. com • 76 Zimmer und Suiten • €€€€

ESSEN UND TRINKEN
Hawksbill
▶ S. 68, b 1/2
Mit Blick auf das Green • Das nach der auf Saadiyat Island brütenden und unter Naturschutz stehenden Schildkröte benannte Restaurant besitzt u. a. eine große Terrasse zu dem von Gary Player designten Golf

Ein Modell von Saadiyat Island (▶ S. 66), Abu Dhabis im Bau befindliche Kunst- und Kulturinsel, zeigt im Vordergrund die Dependance des Guggenheim Museums.

Course, dem bislang einzigen der Region, der ans Meer grenzt. Viel gerühmte Küche, die arabische, mediterrane, indische und US-amerikanische Gerichte bietet. Auch für einen Sundowner (umfangreiche Cocktailkarte) ein Erlebnis.
Saadiyat Beach Golf Club • Tel. 02/5 57 80 00 • www.sbgolfclub.ae • tgl. 6–22 Uhr • €€€€

Beach House   ▶ S. 68, b 1
Ein Hauch von Karibik • Unter einer Palme in unmittelbarer Nähe des Meeres sitzen und köstlich speisen: Das im Neuengland-Stil gehaltene Restaurant ist einer der stimmungsvollsten Orte, um auf Saadiyat Island einen tollen Abend zu verbringen. Man startet mit einem Cocktail bei Sonnenuntergang, fragt dann nach den Empfehlungen des Tages und relaxt nach dem Mahl bei leiser Musik und milder Brise.
Park Hyatt, Saadiyat Beach District • Tel. 02/4 07 11 38 • tgl. 9–24 Uhr • €€€–€€€€

Larte   ▶ S. 68, a 2
Beliebter Lunchtreff • Sonnensegel und plätscherndes Wasser schaffen Abkühlung in dem als Wüstenoase gestalteten Außenbereich des familienfreundlichen Restaurants, das im Kunstzentrum Manarat Al Saadiyat untergebracht ist und italienische und mediterrane Küche serviert.
Im Manarat Al Saadiyat • Tel. 02/6 57 58 88 • www.larte.ae • So–Mi 7.45–23 Uhr • €€

EINKAUFEN

The Collection   ▶ S. 68, a 2
Eine mit Palmen und mediterraner Architektur gehaltene »courtyard style« Mini-Mall gegenüber dem Regis-Resort und mit dem herrlichen Saadiyat Beach im Hintergrund, zu der knapp ein Dutzend hochklassiger Geschäfte (neben Juwelier, Parfümerie auch Bademoden und ein Optiker) sowie Cafés und Restaurants gehören, ebenso wie ein Spinney's Supermarkt und eine Apotheke. Nach Sonnenuntergang ist die kleine Mall ein wunderbarer Ort, der zum Flanieren und Eisessen einlädt, wenn man sich ohnehin auf Saadiyat Island befindet.
St. Regis Saadiyat Island Resort • www.thecollection.ae

MERIAN Tipp

RIPE MARKET, SAADIYAT ISLAND   ▶ S. 68, a 2
»Fresh, local, organic« heißt das Motto auf dem Ökomarkt an exklusiver Adresse, wo rund drei Dutzend Händler ihre Waren – Obst, Gemüse, Kleider, Schmuck, Holzspielzeug und Deko-Artikel – anbieten.   ▶ S. 21

AM ABEND
Saadiyat Beach Club   ▶ S. 68, b 1/2
Diese Adresse begeistert auch notorische Nicht-Partygänger. Jeden Nachmittag verwandelt sich die hippe, zeitgenössisch gestylte De La Costa Lounge des im mediterranen Stil, nach Vorbild der französischen Riviera designten Beach Clubs in einen romantischen Nightclub unter Palmen. Selbst die DJs sind dann kein Ärgernis, und man genießt die Cocktails und die Atmosphäre, tanzt und unterhält sich.
Tel. 02/6 56 35 00 • www.saadiyat beachclub.ae • So–Mi 17–24, Do 17–2, Fr 12–2, Sa 12–24 Uhr

◎ Al Wathba Camel Racetrack

📖 E 4

An den meisten Frei- und Samstagen lohnt sich ein Ausflug zur Kamelrennbahn: Man ist umgeben von Männern in Weiß, d. h. Einheimischen und nur wenigen Touristen. Auf der etwa 6 km langen Rennbahn finden nacheinander mehrere Rennen statt, die jeweils ca. zehn Minuten dauern – Gelegenheit für Fotoaufnahmen von Kamelen und deren Besitzern. Es herrscht eine aufgeregte Stimmung. Tipp: Brechen Sie frühmorgens auf und genießen Sie die Stimmung in der Wüste. Dann besucht man den in der Nähe liegenden **Al Wathba Lake**, einen inmitten der Salzwüste künstlich entstandenen See, gefüllt mit Regenwasser und aufbereiteten Abwässern. Der See ist Heimat und Nistplatz Dutzender Vogelarten sowie einer recht großen Kolonie von Flamingos. Al Wathba, Al Ain Truck Road • Tel. 02/5 83 92 00 • Mitte Okt.– Mitte April Fr, Sa 7–9 und 14.30–16 Uhr • Eintritt frei 45 km südöstl. von Abu Dhabi-Stadt

◎ Yas Island ⭐

📖 E 3

Ortsplan ▶ S. 68/69

Yas Island, mit 32 km² eine der größten natürlichen Inseln des Emirats und Nachbarinsel von Abu Dhabi-Stadt, wurde international bekannt als Austragungsort für Formel-1-Rennen auf dem Yas Marina Circuit. Ein »landmark« ist auch das Yas Viceroy Hotel, ein Bauwerk, dessen scheinbar frei schwebender Körper aus Glas und Stahl an ein Raumschiff erinnert und das mit der Rennstrecke verbunden ist. Ferrari World wiederum gehört zu den bekanntesten Themenparks der Emirate und zieht besonders autobegeisterte Besucher nach Abu Dhabi. Ein gewaltiger Wasserpark (Yas Waterworld) sowie die zweitgrößte Shoppingmall der Emirate (nach der Dubai Mall in Dubai) betonen die Attraktivität und den hohen Freizeitwert der Destination für Besucher. Besuchen sollte man die Marina, deren exklusives Flair man am schönsten am späten Nachmittag genießen kann. Anschließend sucht man eines der vielen Cafés bzw. einen der tollen Clubs auf.

An der Autobahn (E 10) nach Dubai 20 km östl. von Abu Dhabi-Stadt

SEHENSWERTES

Ferrari World 👫

▶ S. 69, f 3

In Abu Dhabi liebt man schnelle und teure Autos – nirgendwo sonst bekommt man mehr Luxuslimousinen und Rennwagen zu sehen. Für die »locals« war die Eröffnung des weltweit ersten Ferrari-Vergnügungsparks 2010 deshalb auch keine geringe Freude. Besucher können bereits beim Landeanflug auf die Stadt das gewaltige feuerrote Dach mit dem Ferrari-Logo, erkennen. Unter dem 200 000 m² großen Dach des Themenparks verbergen sich rund 20 Attraktionen. So gilt die Achterbahn »Formula Rossa« als schnellste der Welt, eine Hochgeschwindigkeitsbahn, in der 16 Personen in einem Wagen Platz haben, der Fans an einen übergroßen Ferrari-Rennwagen erinnert und in 2,5 Sekunden von Null auf 217 km/h beschleunigt. Eine weitere Haupt-attraktion ist der »G-Force« genannte Turm, ein 62 m hoher Freefall Tower, der mitten im Themenpark über das Zeltdach hinausragt. In Ferrari-Sitzen werden die

Passagiere zur Turmspitze katapultiert – mit einem schnellen Blick auf die Insel und das Meer –, dann geht es in atemraubender Geschwindigkeit wieder hinab in die Tiefe.

Beliebt ist auch die Achterbahn »Fiorano GT Challenge«, bei der auf parallel laufenden Schienen ein Rennen zwischen (Kopien des) Ferrari F 430 Spider simuliert wird. Kinder sind begeistert vom »Junior Grand Prix«, Miniatur-Ferrari-Modellen, mit denen sie bis zu 6 km/h fahren dürfen. Nach Abschluss des »Fahrtrainings« gibt es sogar einen Original Ferrari-Führerschein ausgestellt. Und natürlich ist das traditionelle Jahrmarktskarussell mit futuristisch aussehenden Rennwagen statt Kutschen und Pferdchen bestückt. Ferrari ist ein italienischer Mythos, und deshalb gibt es im Themenpark italienische Restaurants, Pizzerien und Café-Bars mit Eissorten, so lecker wie in Modena in der Emilia Romagna, der Heimat der knallroten Fahrzeuge.

www.ferrariworldabudhabi.com • tgl. 11–20 Uhr • Eintritt 295 Dh, Kinder unter 1,50 m Körpergröße 230 Dh, Premium Ticket (VIP, keine Wartezeiten) 535 Dh

Yas Marina Circuit ▶ S. 69, e/f 3

Die vom deutschen Hermann Tilke entworfene Formel-1-Rennstrecke ist 5,5 km lang und wurde im Jahr 2009 anlässlich des »Großen Preis von Abu Dhabi« eingeweiht. Eindrucksvoll ist die Lage, die teilweise entlang des Jachthafens Yas Marina führt; spektakulär ist auch die Einbindung des futuristisch aus Stahl und Glas erbauten Yas Viceroy Hotels, dessen zwei Flügel durch eine Brücke verbunden sind, die über die Rennstrecke verläuft und Gästen, die dort logieren, einen Top-Blick auf die Rennen ermöglicht. 2014 ging es hier zum sechsten Mal rund, darüber hinaus finden Autorennen unterschiedlicher Art jede Woche statt. Eine wunderbare Gelegenheit für Autorennfans ist die Teilnahme an einem Fahrtraining der Yas Racing School; neben Einzelunterricht gibt es auch Kart-Training und diverse andere Optionen.

www.yasmarinacircuit.com • Tickets gibt es online und in Ferrari World, im Yas Viceroy Hotel, an den Ost- und Westeingängen • Führungen ab Gate 20 (Tel. 02/6 59 98 00) Di–Sa 10 und 14 Uhr • Tickets 130 Dh, erm. 65 Dh

Yas Waterworld 👦👧 ▶ S. 69, e 3

Der schönste und mit 15 ha größte der drei Wasserparks im Emirat Abu Dhabi bietet den Besuchern 45 Attraktionen, eingeteilt in unterschiedliche Bereiche. Aufregung garantieren sechs »Adrenalin Rush« versprechende Aktivitäten, u.a. Bubble Barrel, nämlich das Surfen auf einer 3 m hohen Welle, oder Jebel Drop, eine Rutsche mit Höhenambitionen. Auch wer es ruhiger angehen lassen will, findet – ebenso wie Familien mit Kleinkindern – viele Möglichkeiten, sich im Wasser zu amüsieren. Fantasievolle Disney-Worldartige Gestaltung, diverse Cafés und Restaurants, in die Besucher einkehren und Eiscreme, Burger & Co. verspeisen können, sowie ein verspielt gestylter Souk, der Souvenirs und Bademoden feilbietet, unterhalten leicht einen ganzen Tag.

Yas Island • www.yaswaterworld. com • Tel. 02/4 14 20 00 • tgl. 10–18 Uhr • Eintritt 250 Dh, Kinder (unter 1,10 m Körpergröße) 210 Dh

ÜBERNACHTEN

Yas Viceroy ▸ S. 69, f 3

Wahrzeichen • Das futuristisch designte Hightechhotel ist jährlich im November in aller Welt zu sehen, wenn Vettel und Co. beim Grand Prix auf der direkt daran vorbeiführenden Rennstrecke ihre Runden drehen. Dann kann im Hotel allerdings nur übernachten, wer lange im Voraus reserviert hat, doch aufregend ist für Designliebhaber auch ein Besuch zur »Nebensaison«. Highlights des Yas Viceroy sind u. a. auch die zwölf – ebenfalls im Hightech gestylten – Restaurants und Bars, die ein kulinarisches Spektrum bieten, das von mediterran über asiatisch bis indisch reicht.
Yas Marina • Tel. 02/6 56 00 00 • www.viceroyhotelsansresorts.com/abudhabi • 499 Zimmer • ♿ • €€€€

Park Inn ▸ S. 69, e 3

Zwischen Golfplatz und Formel 1 • Das von Radisson betriebene Hotel bietet ein ungewöhnliches Highlight vor allem für Rennsportfans: eine spektakuläre Aussicht von den oberen Etagen auf die Formel-1-Rennstrecke. Gäste haben freien Zugang zum Spa-Bereich des nebenan liegenden Radisson Blu-Hotels.
Yas Plaza • Tel. 02/6 56 22 22 • www.parkinn.com/hotel-abudhabi • 204 Zimmer • ♿ • €€€

Centro Yas Island ▸ S. 69, e 3

Gekonntes Design • Umgeben von Formel 1, Golfplatz und Marina: das neue, edel und transparent im Designstil errichtete Bauwerk bietet den Übernachtungsgästen ein hervorragendes Preis-Leistungs-Verhältnis.
Golf Plaza • Tel. 02/6 56 44 44 • www.rotana.com • 259 Zimmer • ♿ • €€

ESSEN UND TRINKEN

Aquarium ▸ S. 69, f 3

Mit Blick • Ob Fish 'n' Chips, Sushi oder thailändisch zubereitete Garnelen, hier isst man vorzüglich und genießt obendrein den fantastischen Blick auf die Marina und das Yas Viceroy Hotel, das nachts in fluoreszierenden Farben leuchtet.
Yas Marina, Yas Yacht Club • Tel. 02/5 65 00 07 • tgl. 12.30–1 Uhr • €€€€

Cipriani ▸ S. 69, f 3

Luxusgastronomie • Das Restaurant bietet einen Traumblick auf die Architekturikonen des neuen Abu Dhabi. Harry's Bar in Venedig, der dort kreierte Bellini-Cocktail und Carpaccio standen am Beginn eines weltweit erfolgreichen Unternehmens, Top-Adresse für die lokale Oberschicht. Das im nautischen Stil in Weiß designte Restaurant serviert neben italienischen Klassikern auch hochpreisige Wagyu Rib-Eye-Steaks (um 260 Dh) ebenso wie Calamari (120 Dh) und Lobsterravioli. Reservieren sollte man für den hervorragenden Friday Brunch (inklusive Cocktail 150 Dh).
Yas Marina, Yas Yacht Club, Bldg. 1 • Tel. 02/6 57 54 00 • www.cipriani.com • Di–Do 17–24, Fr, Sa 12–24 Uhr • €€€€

Mamma Rossella ▸ S. 69, f 3

Italienflair • Rot karierte Tischdecken und Knoblauchgeruch schaffen einen heimeligen Ort in der ansonsten unterkühlten Ferrari World. Italienische Chefs erklären, was die hier servierte Napoli-Pizza zu etwas Besonderem macht.
Ferrari World • Tel. 02/4 96 80 01 • www.ferrariworldabudhabi.com • Öffnungszeiten wie Ferrari World • €€

Farbspiel vor Wüstenhimmel: Das freitragende Dach des Yas Viceroy Hotels
(▸ S. 74) ist mit Leuchtdioden bestückt und kann in wechselnden Farben leuchten.

EINKAUFEN

Yas Mall   ▸ S. 69, f 3

Mit Shops wie Guess, Desigual, Hollister, Gap, H & M, Zara und Mango findet man in dieser aufwendig und prestigeträchtig designten Shoppingmall die gleichen Shops wie in jeder europäischen Innenstadt. Dazu kommen freilich über 400 weitere Geschäfte, in denen exklusive Designermode (Gucci, Moschino), Bekleidung aus Brasilien (Ipanema) und Mode aus Südafrika (Kingsley Heath) sowie Portugal (Sacoor Brothers) angeboten werden. Unter den Schuhgeschäften sind Havaianas, Cole Haan, Kazar und andere vertreten. Es gibt einen Virgin Megastore, Parfümerien und neben einem gewaltigen Foodcourt auch Cafés und Restaurants. In der großen Shoppingmall finden sich Besucher dennoch leicht zurecht, und auch wer für gewöhnlich wenig an Shopping interessiert ist, findet hier seine Nischen, die ihn begeistern können.
Yas West • www.yasmall.ae • Sa–Mi 10–22, Do, Fr 10–24 Uhr

AM ABEND

Mad   ▸ S. 69, e 3

NeYo, Akon und Tinie Tempah: Stars, die man in der Clubszene kennt, treten hier auf. Die Location – einer der größten Clubs der VAE – macht durch (Laser-)Shows, gewaltige LED-Bildschirme und extravagantes Interieur von sich reden. Auch äußerlich ist der Club ein Hingucker: Die Fassade gestalteten 19 Graffiti-Künstler aus aller Welt zu den Themen Musik und Nightlife.
Yas Leisure Drive • www.madonyasisland.com • Do, Fr ab 23 Uhr

SERVICE

Touristeninformation   ▸ S. 69, f 3

Ferrari World • Di–So 11–20 Uhr

Al Ain

Die weitläufige Oasenstadt am Fuße des Hafeet-Gebirges
hat sich zu einem modernen kulturellen Zentrum entwickelt.
Tradition und Fortschritt finden eine wunderbare Balance.

◄ Hinter Mauern verbirgt sich das Al Ain Palace Museum (▸ S. 81), einst Scheichresidenz und Regierungssitz.

Al Ain   🗺 G 4

650 000 Einwohner
Stadtplan ▸ S. 79

Al Ain – für die Emiratis ist der Ort, dessen Name »die Quelle« bedeutet, Synonym für die Gartenstadt des Landes. Und tatsächlich schufen zahlreiche Quellen in Al Ain die größte Oase der Region. Die Geburtsstadt von Sheikh Zayed, zu Füßen des 1240 m hohen Hausberges Jebel Hafeet, ist heute auch ein kulturelles Zentrum: Al Ain besitzt die größte Universität der sieben Emirate, die **UAE University**, dazu die Al Ain University of Science & Technology sowie die Abu Dhabi University, die mit jeweils einem eigenen Campus für männliche und weibliche Studenten aufwartet.

Eindrucksvoll ist bereits die Anreise: Eine an den Seitenstreifen üppig bepflanzte und nachts beleuchtete Autobahn (E 22, Al Ain Road) führt 150 km durch die Wüste und an die Grenze zu Oman in die Oasenstadt; Lastwagen ist die parallel laufende Al Ain Truck Road vorbehalten. Al Ain selbst ist äußerst weitläufig und lässt sich nur per Auto erfahren; Stadtautobahnen mit Verkehrskreiseln durchziehen das Stadtgebiet, eine niedrige Bebauung, unterbrochen von Parks und Grünanlagen, ist typisch für das Gesicht der Stadt.

Eastern Region nennen die Emiratis die Gegend, die sich um Al Ain erstreckt – jenes Gebiet im Osten von Abu Dhabi, das durch Wüste geprägt ist. Hier gibt es zwar keine Öl- und Gasvorkommen, dafür aber Wasser in Hülle und Fülle. Gewaltige Wüstendünen grenzen an Oman, und hier leben die Emiratis noch in der Überzahl: Von den ca. 600 000 Bewohnern der Eastern Region sind mehr als die Hälfte Einheimische. Dattelpalmen, Gemüse und Getreide gedeihen – in etwa 20 Orten der Umgebung wird Landwirtschaft betrieben. Auch kulturhistorisch ist das Gebiet von Interesse, befindet man sich hier doch auf Boden, der bereits vor rund 4000 Jahren besiedelt war, wie Funde frühzeitlicher Siedlungen in **Hili** und am **Jebel Hafeet** offenbarten. Al Ain wurde daher als erster Ort der VAE in die Liste des UNESCO-Weltkulturerbes aufgenommen. Zahlreiche Paläste und Forts in Al Ain wiederum erinnern an die Herrscherfamilie Al Nahyan, die hier siedelte.

Die Grenze zur omanischen Stadt Al Buraimi ist seit einigen Jahren durch Stacheldraht gesichert und bewacht. Touristen, die nach Oman reisen wollen, können die Grenze am Grenzübergang Hili (8 km nördl. der Stadt) überqueren (Visum 200 Dh oder 20 OR für einen Monat). Mit dem Mietwagen benötigt man eine Zusatzversicherung für Oman.

📷 FotoTipp

SPIEL MIT LICHT UND SCHATTEN

Ein Spaziergang durch die historische Oase von Al Ain zeigt nicht nur die erhaltenen, noch funktionierenden Wasserkanäle, sondern bezaubert besonders durch die hier herrschenden Lichtverhältnisse. Diese werden hervorgerufen durch die dichte Bepflanzung und die unzähligen Palmen, die das einfallende Licht filtern.   ▸ S. 78

SEHENSWERTES

Al Ain Fort
▸ S. 79, b 3

Die auch Eastern Fort und Sultan Fort genannte Anlage wurde von Sheikh Sultan Bin Zayed Anfang des 20. Jh. erbaut und bis 1922 von ihm und seiner Familie bewohnt. Nach seiner Restaurierung diente das Fort zunächst als Museum, bis die Exponate in das Al Ain National Museum und in das Sheikh Zayed Centre in Abu Dhabi-Stadt verlegt wurden. Die Anlage aus meterdicken Mauern und mit Wachtürmen weist den typischen quadratischen Grundriss auf und verfügt über einen gewaltigen, etwa 30 m pro Seite messenden Innenhof. Hier konnten Besucher, die von weit her kamen, campieren, und von hier aus erreichte man auch die im Erdgeschoss eingerichteten Vorratslager für Datteln und Getreide. Auch ein Gefängnis war einst im Fort untergebracht.

Sheikh Zayed Bin Sultan Street, beim Murabba R/A, östl. der Al Ain-Oase neben dem Al Ain National Museum • Sa–Do 8.30–19.30, Fr 15–19.30 Uhr • Eintritt frei

Al Ain Oasis 👫
▸ S. 79, a/b 3

»No Entry – except for Owners and Tourists« lautet ein Schild am Eingang und heißt damit Touristen willkommen. Durch ein altertümliches Tor gelangt man in ein von Palmen beschattetes Areal von Gärten, dem Besucher verwunschen und geheimnisvoll erscheinend. Dabei wird in den so romantisch anmutenden Gärten harte Landwirtschaft betrieben: Auf den rund 1000 ha werden etwa Unmengen an Dattelpalmen kultiviert (die jährlich bis zu 150 kg Ertrag bringen); es gedeihen Mangobäume, Zitrusfrüchte und Bananenstauden, in den Gemüsegärten pflanzt man die Dinge des täglichen Bedarfs an. Als Besucher wandelt man auf gepflasterten Wegen, beschattet von Palmwedeln. Das intakte Falaj-System, bestehend aus kleinen Kanälen, leitet das Wasser in zahlreichen Verzweigungen zu den einzelnen Gärten. Es gibt das kleine Restaurant Al Ain Oasis, das traditionelle arabische Speisen serviert. Im Zentrum der Oase erblickt man schließlich eine kleine Moschee.

Sultan Bin Zayed Street, Eingang neben dem Al Ain Museum

⭐ Al Ain Wildlife Park & Resort (Al Ain Zoo) 👫
▸ S. 79, südl. a 3

Inmitten eines weitläufigen Landschaftsparks mit seltenen Bäumen, Savannengras und Gewächsen aus Arabien und Asien haben hier über 4000 Tiere, deren Gehege ihren natürlichen Lebensräumen nachempfunden sind, eine neue Heimat gefunden – es entstand der größte und schönste Tierpark der Region. Besucher des Parks genießen die friedliche Atmosphäre, die Gegenwart von gewaltigen und uralten Schildkröten und sogar zwei (seltenen) weißen Löwen. Täglich um 18.15 Uhr (Fr auch 20.15 Uhr) gibt es eine amüsante »Bird Show« zu bewundern, bei der den Zuschauern nicht nur Falken, sondern auch dressierte Mäuse vorgeführt werden.

Die Attraktivität des Al Ain Zoos wurde noch gewaltig gesteigert durch die Einrichtung des angeschlossenen Al Ain Safari Parks (▸ Familientipps, S. 37).

Nahyan Al Awwal Street, Zoo R/A • www.alainzoo.ae • tgl. 9–20, feiertags bis 22 Uhr • Eintritt 30 Dh, Kinder (bis 12 J.) 10 Dh

⭐ Camel Market (Camel Souk, Souq Al Jamal)   ▶ S. 79, südl. c 3

Wie anderswo Obst und Gemüse sind auf dem einzigen Kamelmarkt der VAE Tiere ausgestellt und warten auf Käufer. Strenger Geruch und biswelen etwas aufdringliche, meist aus Pakistan stammende Kamelhändler dürfen nicht abschrecken. So werden die Besucher angesprochen, man bietet an, sie auf dem Markt herumzuführen, ihnen die Tiere (kaum Rennkamele als vielmehr weniger wertvolle und als Fleisch- und Milchlieferant geschätzte Tiere) zu zeigen und für Fotos zu posieren – durchaus in Ordnung, nur sollte man wissen, dass danach meist ein hohes Bakschisch verlangt wird. Besser, man

 FotoTipp

FOTOMOTIV WÜSTENTIER

Der Kamelmarkt von Al Ain ist der letzte seiner Art in den VAE und entsprechend begehrt bei Fotografen. Allerdings wird man von den Kamelwärtern ständig zu fotografieren aufgefordert und anschließend zur Zahlung von 5 bis 50 Dh gedrängt. Will man Ärger vermeiden, vereinbart man den Preis für die Aufnahmen vorher.   ▶ S. 79

fragt vorher nach dem Preis für die angebotenen Dienste.

5 km südöstl. von Al Ain an der omanischen Grenze, Meysad Road (Oman Road), hinter Al Bawadi Mall • tgl. 7–18 Uhr • Eintritt 30 Dh

Green Mubazzarah Hot Springs Park 👥🧍   🏛 G 4

Hier erholen sich die »locals«: Am Fuße des Jebel Hafeet liegt ein hügeliger Park mit warmen und heißen Quellen. Das Grundwasser ermöglichte die Anlage eines Sees (mit Gelegenheit zu Bootsfahrten) sowie von Wasserläufen mit kleinen Wasserfällen und einem Falaj-System. In zwei Gebäuden gibt es Schwimmhallen (für Frauen und Männer, 10 Dh). Kinderspielplätze und ein »Mini Train« mit Sitzen auf Schienen erfreuen Familien. Jugendliche interessieren sich für das nahe Wadi Adventure (▸ S. 38) mit künstlichen Surfwellen.
Mubazzarah, Jebel Hafeet • Tel. 03/7 83 95 55 • Eintritt frei

Heritage Village 👥🧍   ▸ S. 79, östl. c 3

Ein Freilichtmuseum, das das traditionelle Leben der Emiratis zu neuem Leben erwecken will, mit Kaffeehaus, Souk und Amphitheater für Shows. An Wochenenden ist das Village Treffpunkt für Einheimische. Erkundigen Sie sich in Ihrem Hotel in Al Ain, ob im Heritage Village gerade besondere Veranstaltungen (wie Auftritte von Musikern, Falknerei-Darbietungen etc.) stattfinden.
Al Ain Sportplex, Kattem Al Shaklah Street • www.alainsportplex.ae • Sa–Do 9.30–13 und 17–22, Fr 16–22.30 Uhr • Eintritt frei

Hili Archaeological Garden
▸ S. 79, nördl. a 1

Aus der Umm-Al-Nar-Epoche und damit aus der Bronzezeit (2500–2000 v. Chr.) stammen die restaurierten Rundgräber und Überreste einer Siedlung. Als Sensation gilt das sogenannte Grand Tomb, das Große Grab, über 4000 Jahre alt, in dessen vier Kammern jeweils mehrere Tote begraben wurden. Zwei Eingänge führten ins Innere, über beiden entdeckte man Tiergravuren. Einheimische schätzen den Hili Garden in erster Linie wegen dessen gepflegter Parkanlage und veranstalten an Wochenenden hier ihre Picknicks.
10 km nördl. der Stadt an der Straße nach Dubai, 7th Street ab Ard Al Jaw Street • Sa–Do 9.30–16.30, Fr 10–22 Uhr • Eintritt 3 Dh

🔴9 Al Jahili Fort   ▸ S. 79, a 3

Die mächtige Fortanlage wurde zwischen 1891 und 1898 von Sheikh Zayed the First als Lehmfort erbaut: mit nahezu 1 m dicken und von Zinnen gekrönten Wänden, die ein Geviert umgeben, das von Rundtürmen begrenzt wird. Es ist eines der größten und eindrucksvollsten der Emirate. Im Fort wurde auch der ehemalige Präsident der VAE Sheikh Zayed geboren. Es beherbergt eine Ausstellung mit Schwarz-Weiß-Fotos von Sir Wilfred Thesiger, der als erster Nicht-Araber die Wüste Rub Al Khali durchquerte und 1948 hier erstmals Sheikh Zayed begrüßte. »Die Brunnen der Wüste« heißt sein lesenswertes Expeditionsbuch, das seine Reisen zwischen 1946 und 1950 beschreibt.
Jahili Street • Tel. 03/7 84 39 96 • Di–So 9–17, Fr ab 15 Uhr • Eintritt frei

Muraijib Fort   ▸ S. 79, westl. a 1

Die in der Oase Al Jimi liegende Lehmfestung ist die älteste der Stadt und wurde 1816 im damals verbreiteten Architekturstil erbaut: Die Anlage besteht aus einem Hauptfort, einem kleineren Fort sowie einem Wachturm. Sie wurde restauriert

und ist heute umgeben von einem Garten (Ladies Park), dessen Besuch Frauen und Kindern vorbehalten ist.
Al Jimi, nordwestl. des Zentrums, Al Jimi Street • Di–So 9–16, Fr 15–18 Uhr • Eintritt frei

MUSEEN

Al Ain Classic Cars Museum G 4
Der Autoliebhaber und aus Al Ain stammende Rashid Al Tamimi gründete das private Museum, in dem zwei Dutzend historische Automobile, die aus den Jahren 1901 bis 1980 stammen, ausgestellt sind. Daneben gibt es antike Teppiche und unzählige Antiquitäten zu sehen, die überall auf der Arabischen Halbinsel gesammelt wurden.
Ain Al Fayda West (ca. 20 km südwestl. von Al Ain), Wadi Adventure R/A (beim One to One Resort) • www.alainclassiccarsmuseum.net • Sa–Do 9–17, Fr 16.30–21 Uhr • Eintritt 5 Dh

Al Ain National Museum ▶ S. 79, b 3
Das neben dem Al Ain Fort gelegene Museum zeigt archäologische und ethnografische Exponate: Das frühere Leben der Einheimischen wird anhand lebensgroßer Puppen nachgestellt, traditionelle Haushaltsgegenstände, Werkzeuge und Spielsache sind zu sehen. Große Bedeutung genießen die jahrtausendealten Ausgrabungsfunde von Hili, nämlich Schmuck, Münzen und Keramik, die in den Gräbern gefunden wurden.
Al Murabba, Sultan Bin Zayed Street • Tel. 03/7 11 83 31 • Di–So 8.30–19, Fr 15–19 Uhr • Eintritt 3 Dh

Al Ain Palace Museum ▶ S. 79, a 3
Ursprünglich ein Palast der Herrscherfamilie Al Nahyan aus dem Jahr 1910 und verfallen, wurde das über sechs Innenhöfe verfügende Anwesen mit Lehmziegeln (einem Gemisch aus Lehm, Stroh und Wasser,

Der Al Ain Zoo (▶ MERIAN TopTen, S. 78) befindet sich am Fuße des Jebel Hafeet. Eine Attraktion ist das Großkatzenhaus mit Löwen, Tigern und weißen Löwen.

in der Sonne getrocknet) sowie Bruchsteinen, Lehmputz und Palmenstämmen für die Deckenkonstruktionen restauriert. Man sieht in den Räumen des Palastes u. a. antike Betten und die historische Küche, ausgestattet mit einem gewaltigen Kessel, und (als Dekoration) eine große Kaffeekanne (»dhalla«) aus Ton. Auch der Majlis, der Versammlungsraum für Männer, ist mit antiken Möbeln ausgestattet. Historische Fotos zeigen Mitglieder der weitverzweigten Nahyan-Familie. In einem großen Zelt werden arabischer Kaffee und Datteln angeboten.
Al Ain Street • Tel. 03/7 51 77 55 • www.adach.ae • Di–So 8.30–19.30, Fr ab 14.30 Uhr • Eintritt frei

MERIAN Tipp

JEBEL HAFEET MOUNTAIN ROAD   📖 G 4

Rund 60 Serpentinenkurven führen die 12 km lange Strecke hinauf auf den 1240 m hohen Jebel Hafeet – die abenteuerlichste Straße im Emirat Abu Dhabi, nach Sonnenuntergang aufwendig beleuchtet und mit herrlichem Ausblick über die Wüste und zur Oasenstadt Al Ain.   ▶ S. 21

ÜBERNACHTEN

Al Ain Rotana   ▶ S. 79, westl. a 3
Klassiker im Zentrum • Nach seiner Renovierung und Erweiterung das beste Hotel der Stadt: Es bietet edel designte Zimmer, eine herrliche Poolanlage und das beliebte polynesische Restaurant Trader Vic's.
Zayed Bin Sultan Street • Tel. 03/7 54 51 11 • www.rotana.com • 198 Zimmer • ♿ • €€€€

Danat Al Ain Resort   ▶ S. 79, östl. c 3
Mit Ausblick ins Grüne • Das Mittelklassehotel bietet Balkon- und Terrassenzimmer, die den Blick in die üppigen Gärten oder zum Jebel Hafeet eröffnen. Mit vier Restaurants der arabischen, indischen, chinesischen und italienischen Küche.
Al Nyadat East, Khalid Bin Sultan Street • Tel. 03/7 04 60 00 • www.danathotels.com • 216 Zimmer • ♿ • €€€

Hili Rayhaan   ▶ S. 79, nördl. a 1
Mit Übergang zur Jimi Mall • Das von der renommierten, in der Region verbreiteten Rotana-Gruppe geleitete Hotel liegt unmittelbar neben der Shoppingmall Al Jimi. Mit großem Swimmingpool, drei vorzüglichen Restaurants sowie – außergewöhnlich selbst für die Oasenstadt – »alcohol free«.
Al Jimi, Bani Yas Street (117th Street) • Tel. 03/7 05 33 33 • www.rotana.com • 254 Zimmer • ♿ • €€€

Hilton Al Ain   ▶ S. 79, c 3
Mit Golfplatz • Die 9-Loch-Anlage ist das Markenzeichen des sechsstöckigen Resorts, das von Gärten umgeben ist und mit einer gepflegten Poolanlage lockt. Fotos erinnern daran: Im Jahre 1971 traf Queen Elizabeth II. auf ihrer Tour durch die Länder am Arabischen Golf Sheikh Zayed im Al Ain Hilton Hotel.
Al Surooj, Hilton Road • Tel. 03/7 68 66 66 • www.hiltonworldresorts.com • 202 Zimmer • ♿ • €€€

Ayla Bawadi   ▶ S. 79, östl. c 3
Gediegener arabischer Stil • Dank hölzerner Verkleidungen im Mashrabiya-Stil zeigt das luxuriöse, mehrstöckige Hotel Elemente des traditi-

Rennpiste mit Traumblick: Die Jebel Hafeet Mountain Road (▶ MERIAN Tipp, S. 21) ist eine beliebte Strecke für Motorrad- und Autofahrer und nachts beleuchtet.

onellen Baustils. Die zurückhaltend gestalteten Zimmer in warmen Farben vereinen Komfort und Stil. Nach dem üppigen Frühstück vom Büfett ist es nicht weit zum Shopping und zum Kamelmarkt.
Bawadi Mall, Zayed Bin Sultan Road • Tel. 03/7 61 01 11 • www.aylahotels. com • 90 Zimmer • ♿ • €€–€€€

Ayla   ▶ S. 79, westl. a 2
Mit kleiner Schwimmhalle • Das zentral gelegene Hotel Ayla ist ein gepflegtes Mittelklassehotel, dessen Gäste moderne Zimmer, freundlichen Service, Businesseinrichtungen und den Zugang zur Ayla-Shoppingmall genießen können.
Al Mutaredh, Khalifa Bin Zayed Al Awwal Street • Tel. 03/7 61 01 11 • www.aylahotels.com • 153 Zimmer • ♿ • €€

Green Mubazzarah Chalets 🏃🏃
▶ S. 79, südl. a 3
Im Landschaftspark • Die Chalets enthalten ein oder zwei Schlafzimmer, eine mit allem Notwendigen

📷 FotoTipp

ABU DHABIS HÖCHSTER BERG

Fährt man die Jebel Hafeet Mountain Road nach oben, kommt man kurz vor dem Gipfel auf ein Plateau (mit Parkplatz und Café), von dem man einen großartigen Ausblick auf das Gebirge und die Stadt Al Ain hat. Ein guter Moment für ein stimmungsvolles Foto ist auch die Abenddämmerung, wenn in der einem zu Füßen liegenden Stadt die ersten Lichter angehen.   ▶ S. 82

Mercure Grand Jebel Hafeet   G 4
Erstklassige Lage • Ein Berghotel in der Wüste mit Ausblick: In 915 m Höhe und 2 km vor dem Gipfel von Abu Dhabis höchster Erhebung liegt an der Straße auf den Jebel Hafeet das besonders bei Emiratis beliebte Hotel der bewährten Mercure-Gruppe. Von vielen Zimmern fällt der Blick auf Wüsten-Wadis, das Hajargebirge und die Oase Al Ain. Jebel Hafeet Road • Tel. 03/7 83 88 88 • www.mercure.com • 124 Zimmer • ♿ • €€

Asfar Resort   ▶ S. 79, b 2
Shopping inbegriffen • Gegenüber der neuen Safeer Mall liegt das besonders bei indischen Gästen beliebte Hotel, das neben komfortablen Zimmern auch Suiten mit ein und zwei Schlafzimmern sowie einer Küchenzeile anbietet. Mit kleinem, durchaus gepflegtem Pool. Dazu

ausgestattete Küche und einen kleinen Garten. Ein Kinderspielplatz und das nahe gelegene Restaurant Al Sahra erlauben den Gästen die Möglichkeit, sich für ein paar relaxte Tage von allem zurückzuziehen. Jebel Hefeet • Tel. 03/7 83 95 55 • www.mubazzarah.150m.com • 96 Chalets • ♿ • €€

Entspannt an der Poolbar relaxen oder sportlich einige Bahnen ziehen: Das Hilton Al Ain (▶ S. 82) am Rande der Oasenstadt Al Ain bietet perfektes Urlaubsfeeling.

kommen Fitnessraum, Kinderspielplatz und viel Grün.
Al Qatara, Al Masoody Street • Tel. 03/7 62 88 82 • www.asfarhotels.com • 53 Zimmer • €

Al Khayal Hotel Apartments
▶ S. 79, nördl. a 1

Ohne Schnickschnack • In der Nähe der Al Ain Mall liegt das nach Landeskategorie als Drei-Sterne-Hotel eingestufte Haus, das zu den einfacheren Anlagen der Stadt gehört. Saubere, zweckmäßige Räume und die Möglichkeit, bei mehrtägigem Aufenthalt Rabatte zu erzielen, sorgen für zufriedene Gäste.
Kuwaitat, Othman Bin Affan Street/ Al Murabba R/A • Tel. 03/7 66 57 77 • 28 Apartments • €

ESSEN UND TRINKEN

Moroccan Beauty ▶ S. 79, a 2
Marokkoflair • Tajine, d.h. Lammeintopf mit Kichererbsen und Karotten, orientalisch gewürzt und im Schmortopf im Holzkohlenfeuer zubereitet, ist eine der typischen marokkanischen Spezialitäten, die das feine Restaurant anbietet.
Hai Al Salamat, Town Square, Khalifa Street • Tel. 03/7 66 60 74 • €€€

Tanjore ▶ S. 79, östl. c 3
Feinste indische Küche • Köstlichkeiten wie Ente aus dem Lehmofen und »Dhal Tanjore«, ein Linsen- und Bohnengericht, erfreuen die Gäste. Das distinguierte indische Ambiente und die leise Sitar-Musik lassen den Besuch zum Genuss werden.
Al Nyadat East, Danat Al Ain Resort, Khalid Bin Sultan Street • Tel. 03/7 04 60 00 • www.danathotels.com • Di–So 12.30–15 und 19.30–23 Uhr • €€€

Bukhara ▶ S. 79, a 2
Zweigeteilt • Unten beliebtes und preiswertes Café, im Obergeschoss ein vorzügliches indisches Restaurant. Zum Friday Brunch sind die Tische stets gut besetzt, denn man kann unter einer Vielzahl authentischer Spezialitäten wählen.
Town Square, Khakifa Bin Zayed Street • Tel. 03/7 66 05 99 • www.bukhararestaurants.com • tgl. 12–23 Uhr • €€

Orient Café ▶ S. 79, südl. a 3
Auf dem Berg • Kleine arabische Gerichte, Salate, Kaffeespezialitäten und Kuchen gibt es im modernen Hotelcafé, und anschließend lockt ein Blick von der Terrasse auf die schroffe Bergwelt und die tief unten liegende Oase Mubazzarah.
Hotel Mercure Grand Jebel Hafeet, Jebel Hafeet Road • Tel. 03/7 83 88 88 • www.mercure.com • tgl. 10–1 Uhr • €€

Golden Fork ▶ S. 79, b 2
Long time favourite • Philippinische und chinesische Küche, gegrillte Fischgerichte und Garnelen – günstig und meist gut zubereitet, kommt hier seit Jahren das Essen auf den Tisch. Im ersten Stock gibt es PCs mit Internetanschluss.
Khalifa Bin Zayed Street • Tel. 03/ 7 66 90 33 • tgl. 10–1 Uhr • €

EINKAUFEN

Al Ain Mall ▶ S. 79, b 2
Die Shoppingmalls der Oasenstadt sind weniger glamourös als in Abu Dhabi, das Angebot ist kleiner und weniger international. Von den Einkaufskomplexen ist am ehesten die Al Ain Mall mit rund 175 Geschäften und Boutiquen besuchenswert; ihre

Eislaufbahn, auf der »locals« und asiatische »expatriates« ihre Runden drehen, ist immer gut besucht.
Al Falahaya Street • www.alainmall. ae • Sa–Do 10–22, Fr bis 23 Uhr

MERIAN Tipp

SOUK AL ZAAFARANA

▸ S. 79, westl. a 1

Der Souk im traditionellen Stil verkauft arabische Damen- und Herrenmode, allerlei Gewürze, Duftstoffe, Räucherwaren und Zubehör, Henna, Kaffeekannen (»dhalla«) und andere orientalische Waren.   ▸ S. 21

Bawadi Mall   ▸ S. 79, südl. c 3
Östlich der Stadt liegt an der Straße nach Oman die größte Shoppingmall Al Ains, u. a. mit Carrefour-Supermarkt, über 300 Boutiquen, einem »Souk« für orientalische Souvenirs, Foodcourt und Kinos.
Mezyad Road • www.bawadimall. com • Sa–Mi 10–23, Do, Fr bis 24 Uhr

Al Qattara Arts Centre
▸ S. 79, nordwestl. a 1
In dem kleinen historischen Fort wird lokale und arabische Kunst präsentiert, eine der seltenen Gelegenheiten, Landestypisches in authentischer Umgebung zu kaufen.
Al Qattara Oasis, Al Qattara Fort • Sa–Do 9–20 Uhr

Souk Al Qattara   ▸ S. 79, nordwestl. a 1
Ältere Bewohner von Al Ain freuten sich über die Wiederbelebung ihres alten, aus der Mitte des 20. Jh. stammenden Souks in besonderer Weise. Benannt nach der Oase Al Qattara, einer von sieben historischen Oasen

Al Ains, verband ein von Palmen gesäumter staubiger Pfad Al Qattara mit der Al Jimi-Oase. Sheikh Shakhbout Bin Sultan Al Nahyan, früherer Herrscher von Abu Dhabi, begründete den aus einfachen Lehmbauten errichteten und mit Palmzweigen überdachten Souk, der zum beliebten Treffpunkt der Dorfbevölkerung wurde. Der im Jahr 2014 behutsam restaurierte Markt ist heute ein Ausflug in die Vergangenheit und wird auch von den Bewohnern von Abu Dhabi sehr geschätzt. Traditionelle kunsthandwerkliche Produkte, die u. a. von Familien der Oase Qattara hergestellt wurden, werden verkauft. An einem kleinen Stand werden Besucher mit Tee und Datteln willkommen geheißen, in einem Workshop kann man zusehen, wie Töpferwaren ganz im alten Stil entstehen. Es gibt traditionelle arabische Bekleidung, Räucherwaren und Gewürze ebenso wie einige aus Jemen und Oman stammende Antiquitäten zu kaufen.
Qattara-Jimi Road, neben dem Al Qattara Fort • Okt.–Mai Sa–Di 10–21, Mi–Fr 16–21 Uhr

AM ABEND

Moodz   ▸ S. 79, westl. a 3
Die elegante Lounge Bar des Rotana-Hotels ist einer der wenigen Orte in Al Ain, um bei Livemusik in Clubatmosphäre einen der gut gemixten Cocktails zu genießen. Die Bar bietet überdies wechselnde (kostenpflichtige) Veranstaltungen, donnerstags und freitags ist der Eintritt für Frauen kostenlos (z.T. gibt es für sie dann auch Gratis-Drinks).
Hotel Al Ain Rotana, Zayed Bin Sultan Street (137th Street) • Tel. 03/7 54 51 11 • Di–Sa 19–3 Uhr

Kühle Temperaturen, olympische Maße und jede Menge Spaß bietet das Al Ain Ice Rink (▶ S. 87) für Schlittschuhläufer und Eishockeyspieler.

SERVICE

AUSKUNFT

Touristeninformation   ▶ S. 79, b 2
Ali Bin Abu Taleb Street • Tel. 03/7 64 20 00 • www.visitabudhabi.ae • kostenlose Hotline: Tel. 80 05 55 • Infos auch im Jahili Fort

MIETWAGEN

Al Masaood Travel & Services

▶ S. 79, südl. c 3

Bietet Mietwagen, auch mit Vierrad-antrieb, für Off-Road-Strecken und (auch mehrtägige) Ausflüge in die Wüste mit Fahrer und Wüstencamp.

Sanaiya Street (gegenüber Al Ain Palace Museum) • Tel. 03/7 61 00 01 • www.almasaoodtravel.com

SPORT

Al Ain Ice Rink   ▶ S. 79, nördl. a 1
Schlittschuhlaufen ist ein beliebtes Freizeitvergnügen vieler Einheimischer und asiatischer »expatriates«. Besonders im Sommer entkommt man auf diese Weise gerne der Hitze. 113th Street, neben Hili Fun City • Mo–Sa 10–22 Uhr, Mi, Do 13–22 Uhr nur Frauen • Eintritt 20 Dh, 2 Stunden 25 Dh, Schlittschuhe 25 Dh

Liwa-Oasen

Ein Meer aus gewaltigen Sanddünen prägt die älteste Oasensiedlung der Emirate. Beeindruckende Naturschauspiele und urtümliche Dörfer bezaubern die Besucher.

◄ Qasr Al Sarab Desert Resort
(► MERIAN TopTen, S. 90) vereint
Wüstenfeeling mit Luxusambiente.

Abseits der großen Städte, am Rande der **Rub Al Khali**, der größten Sandwüste der Erde, liegen die aus einer Ansammlung von kleinen Siedlungen und Dörfern bestehenden Liwa-Oasen, in denen etwa 25 000 Menschen leben. Von Abu Dhabi-Stadt aus führt eine Autobahn, später eine gut ausgebaute Straße, in das 230 km südöstlich gelegene Oasengebiet, das sich in einem leichten Bogen von etwa 100 km Länge erstreckt. Gewaltige Sanddünen, bis zu 200 m hoch, reichen bis zum Horizont, ein menschenleeres, weitgehend vegetationsloses Gebiet, das weit über die Grenze nach Saudi-Arabien reicht. Flintsteine und andere von Archäologen gefundene Werkzeuge zeigen, dass in der Wüste bereits während der Steinzeit (5500–3500 v. Chr.) vereinzelt Menschen siedelten. Ihre Spuren gingen verloren, und erst viel später, nämlich im 16. Jh., kamen Beduinen vom Stamme der Bani Yas und der Manasir, die im Bereich der Wasserstellen lebten, und bauten die ersten Forts. Der erste Europäer, der Liwa besuchte, war Wilfred Thesiger, der die Rub Al Khali durchquerte und 1947 die Oase erreichte – damals eine Sensation. Thesigers Erlebnisse und Gedanken sind nachzulesen in seinem Buch »Arabian Sands« (deutsch: »Die Brunnen der Wüste«), das viele Besucher heute im Gepäck haben, wenn sie in einem der Rasthäuser und Hotels der Oasen absteigen. Mit der Eröffnung des beeindruckenden, luxuriösen Wüstenhotels Qasr Al Sarab wurde der abgelegenen Region große Aufmerksamkeit zuteil. Bewusst entscheiden sich Besucher für die dreistündige Anreise von Abu Dhabi-Stadt – das Erlebnis, inmitten dieses Meeres aus Sand zu sein, die Stille und die grandiose Schönheit dieser urarabischen Landschaft zu erfahren, ist einfach sehr verlockend.

Mezirah   ▮▮ D 6
3000 Einwohner

Die größte Stadt der Liwa-Oasen (in diversen Schreibweisen auch Mezairah oder Muzeira'a, außerdem mitunter auch als Liwa City bekannt) ist ihr wirtschaftliches Zentrum mit zahlreichen Geschäften für die Dinge des täglichen Bedarfs, einem Krankenhaus, einer Schule und einem Postamt. Bereits 1988 entstand hier mit dem Liwa Hotel das erste größere Rasthaus der Oasen. Im Juli – wenn das Thermometer auf weit über 40 Grad klettert und es für Touristen unerträglich heiß wird – feiert man das einwöchige **Liwa Dates Festival** (www.liwadatesfesti val.ae). Das Festival, bei dem sich alles um Datteln dreht, ist in den VAE längst Kult bei Einheimischen wie westlichen »expatriates«. Auch die Tatsache, dass es in der heißesten Zeit des Jahres stattfindet, kann Besucher nicht schrecken und trägt stattdessen eher zum Nimbus des Events bei. Während einer Woche finden in Mezirah viele kulturelle Veranstaltungen statt: Es werden traditionelle Männertänze aufgeführt, Gedichte rezitiert und Theatervorführungen gegeben, an kleinen Ständen gibt es Verkostungen regionaler Spezialitäten, man kann sich die Hände mit Hennamalereien verzieren lassen und sich von der Vielfalt der Datteln überzeugen.

SEHENSWERTES
Fort Attab   📖 D 6

Die perfekt restaurierte Festung, auch Al Meel Fort genannt und Anfang des 19. Jh. von Mitgliedern des Bani-Yas-Stammes erbaut, ist von Dattelpalmen umgeben. Sie besitzt drei Ecktürme, von denen zwei das Eingangstor flankieren. Vom Innenhof erreicht man den Wehrgang. Die umliegenden Räume sind leer, das Fort ist frei zugänglich. 1947 besuchte Wilfred Thesiger das Fort bei seiner Wüstendurchquerung.

Al Meel, 11 km östl. von Mezirah, 500 m nördl. der Straße

Fort Qatuf   📖 D 6

Das quadratische Fort, aus Lehm erbaut, wurde vorbildlich restauriert. Sehenswert sind die die Festung überragenden Türme, die über ein enges Treppenhaus auch bestiegen werden können. Neben dem Bauwerk steht die unter den Beduinen der Region renommierte Hamil Bin Ghait Al Qubaishi Mosque, die bereits von Thesiger 1947 besucht wurde, als dieser im Dorf Qatuf sein Nachtlager aufschlug.

Qatuf, 9 km westl. Mezirah, 300 m nördl. der Straße

Mezirah Fort   📖 D 6

Hinter Palmen verbirgt sich die quadratische Festung in traditioneller Lehmbauweise, vermutlich aus dem frühen 19. Jh. stammend und damit eines der wenigen historischen Bauwerke von Mezirah. Vom großen Innenhof gelangt man auf einen mit Schießscharten und Ecktürmen versehenen Wehrgang. Die Räume sind offen und frei zugänglich.

Mezirah, Arada Road, gegenüber der Auffahrt zum Liwa Hotel

Moreeb Hill (Tel Mirab)   📖 D 6

Kleine Schilder weisen in Mezirah (an der Auffahrt zum Liwa Resthouse) auf die »Moreeb Dunes« hin, die höchsten Sanddünen der Oase. Für die Bewohner der Oasen sind die hellgelben, je nach Lichteinfall auch kupfern schimmernden und zwischen 100 m und 150 m hohen Sandberge ein geschätztes Ausflugsziel für Wochenendtouren. Die teilweise sehr steilen Dünen mit 45 % Steigung werden gern für Auffahrten und Wettbewerbe für Geländewagen benutzt. Naturverbundener und umweltfreundlicher ist es, sich die Schuhe auszuziehen und barfuß den Dünenkamm zu erklimmen, eine gewaltige Anstrengung, bei der der Weg auch schon das Ziel sein kann.

Moreeb, 25 km südl. von Mezirah

ÜBERNACHTEN
Qasr Al Sarab
Desert Resort   📖 E 6

Wüstenschloss mit Ausblick • Bereits die Anfahrt ist überwältigend: Durch ein Meer von gewaltigen Sanddünen schlängelt sich die Piste über 11 km immer tiefer in die Wüste. Einem märchenhaften arabischen Palast gleich gelangt man durch ein Tor in das im Stil eines Wüstendorfs geplante Resorthotel. Obwohl augenscheinlich an nichts gespart wurde, ist der Gesamteindruck nicht protzig: rustikaler Luxus, der sich um authentisches Wüstenerleben bemüht. Dazu gehört auch das mit wertvollen antiken Gegenständen der Beduinen ausgestattete Foyer mit einem gewaltigen Kamin. Im Desert Excursion Centre können Jeeptouren, Kamelausritte und begleitete Wanderungen durch die Wüste gebucht werden, daneben gibt

es ein vorzügliches Spa, einen gro
ßen Pool vor der Kulisse hoch aufragender Sandberge und vorzügliche,
arabisch gestaltete Restaurants.
Hamim, Qasr Al Sarab Road • Tel. 02/
8 86 20 88 • www.qasralsarab.
anantara.com • 196 Zimmer • €€€€

Tilal Liwa Hotel   📖 D 5
Inmitten der Wüste • Das luxuriöse
Designhotel, das im Stil eines arabischen Wüstenforts errichtet wurde,
bietet den Gästen schöne geräumige
Zimmer mit Terrasse und Blick auf
die einzigartige Dünenlandschaft
bzw. zum Pool und Patio. Drei im
edlen arabischen Stil ausgestattete
Restaurants, ein Fitnessstudio und
ein Hamam (arabisches Dampfbad)
laden die Gäste ein.
17 km südöstl. von Medinat Zayed,
Million Street, ab Sila Road •
Tel. 02/8 94 61 11 • www.danahotels.
com • 111 Zimmer • €€€

Liwa Hotel   📖 D 6
Auf einem Hügel über Mezirah •
Große Zimmer mit Balkonen zur
Dünenwüste oder zum Innenhof mit
Pool bietet das ansonsten etwas in
die Jahre gekommene Hotel im arabisch inspirierten Stil und mit internationaler Atmosphäre. Große Poolanlage, Tennisplätze und ein gutes,
preiswertes Restaurant mit indischer
und arabischer Küche.
Mezirah, Arada Road • Tel. 02/8 82
20 00 • www.almarfapearlhotels.
com/liwa • 66 Zimmer • €€

Western Hotel   📖 D 6
Im neo-arabischen Stil • Modern
und komfortabel ist das in einem
parkartigen Garten im aufstrebenden Verwaltungszentrum der Oasen
gelegene neue Hotel.
Madinat Zayed, Tarif-Liwa Road •
Tel. 02/8 01 77 77 • www.western-
hotels.com • €€

Sand, so weit das Auge reicht: Zahlreiche Veranstalter, etwa das Qasr Al Sarab
Desert Resort (▶ MERIAN TopTen, S. 90), haben Wüstenexpeditionen im Programm.

ESSEN UND TRINKEN

Suhail   E 6

Mit »Wow«-Faktor • Das auf einer Dachterrasse des Hotels Qasr Al Sarab gelegene Restaurant bietet eine kaum vergleichbare Atmosphäre. Beim Sundowner erleben, wie die Sonne hinter den unmittelbar gegenüberliegenden Sanddünen untergeht, ist ein »Once in a lifetime«-Erlebnis. Das Essen (Steaks sowie internationale, mediterran inspirierte Küche) ist da nur zweite Garnitur, auch wenn es – wie alles in diesem Luxusresort – von erster Qualität ist. Ergänzen lässt sich das Gesamterlebnis mit einem Wein von der preisgekrönten Weinkarte. Eine leichte Jacke gehört zum Besuch, da es mitunter kalt wird.
Hamim, Hotel Qasr Al Sarab, Qasr Al Sarab Road • Tel. 02/8 86 20 88 • www.qasralsarab.anantara.com • tgl. 18–23 Uhr • €€€€

Al Badiya   D 5

Mit offener Küche • Ägyptische Linsensuppe, indische Hühnergerichte und Garnelen in Knoblauchsauce, serviert in der Atmosphäre eines zeitgenössisch, im arabischen Stil designten Restaurants.
17 km südöstl. von Medinat Zayed, Tilal Liwa Hotel, Million Street, ab Sila Road • Tel. 02/8 94 61 11 • www.danathotels.com • tgl. 7–23 Uhr • €€€

Al Liwan   D 5

Bar-Restaurant am Pool • Ob drinnen unter der Balkendecke oder draußen am Pool: Bei einem Cocktail lässt man den Tag ausklingen. Mit Shisha-Service.
17 km südöstl. von Medinat Zayed, Tilal Liwa Hotel, Million Street, ab Sila Road • Tel. 02/8 94 61 11 • www.danathotels.com • tgl. 9–21 Uhr • €€€

Green Liwa Oasis   D 6

Auf der Terrasse • Arabische Küche, auch indische Tandoori-Spezialitäten und eine Vielzahl vegetarischer Gerichte. Zum Brunch am Freitag gibt es ein bei den »locals« überaus beliebtes Büfett.
Mezirah, Liwa Hotel, Arada Road • Tel. 02/8 82 20 00 • www.almarfa pearlhotels.com/liwa/ • tgl. 6–23 Uhr • €€€

Al Liwan   E 6

Palaststil • Die Lobby-Lounge des Hotels Qasr Al Sarab erinnert an die Wohnhalle eines arabischen Schlosses: stilvoll und gediegen mit einem gewaltigen Kamin, bequemen Sofas und jeder Menge Bildbände zum Lesen und Schauen. Hier nimmt man Tee, ordert frische Fruchtsäfte und Kleinigkeiten zum Essen. Ebenso schön ist die sich anschließende Terrasse mit schweren Eisenmöbeln und traumhaftem Ausblick.
Hamim, Hotel Qasr Al Sarab, Qasr Al Sarab Road • Tel. 02/8 86 20 88 • www.qasralsarab.anantara.com • tgl. 8–23 Uhr • €€

The Terrace   D 6

Auf der Terrasse • Im Freien und doch geschützt vor der Sonne, erfreut man sich hier an guter indischer, arabischer und internationaler Küche und genießt das Bewusstsein, fern der Metropolen und inmitten der großen Wüste zu sein.
Mezirah, Liwa Hotel, Arada Road • Tel. 02/8 82 20 00 • www.almarfa pearlhotels.com/liwa • tgl. 12–22 Uhr • €€

Viele Restaurants, etwa das Al Liwan (▶ S. 92), stellen ihren Gästen Shishas bereit, die orientalische Wasserpfeife, die mit verschiedenen Aromen geraucht wird.

Al Hadara ▢ D 6

Auf einen Chai · Den stark gesüßten Chai – schwarzen Tee mit Milch – gibt es aus Pappbechern und für wenige Cent, das indische und arabische Essen ist vorzüglich, und die Gäste, meist asiatische Gastarbeiter und Truckfahrer, danken es mit häufigen Besuchen. Wer eine legere, authentische Atmosphäre erleben möchte, ist hier richtig. Und die Gerichte, die auf den Tisch kommen, sind einfach und gut.
Mezirah, Roundabout · Tel. 02/8 82 26 78 · tgl. 9–22 Uhr · €

AM ABEND

Layali Bar ▢ D 5

In dieser Bar herrscht eine stilvolle und freundliche Atmosphäre, in der man bei einem Glas Champagner oder einem Cocktail gerne verweilt. Oder man bestellt einen Pfefferminztee, der mit Pinienkernen und einem Blatt Minze dekoriert serviert wird, dazu fragt man nach arabischen Patisserien und Nüssen.
17 km südöstl. von Medinat Zayed, Tilal Liwa Hotel, Million Street, ab Sila Road · Tel. 02/8 94 61 11 · www.danathotels.com · tgl. ab 18 Uhr

Al Misyal Bar   D 6

Hauptsächlich Hotelgäste treffen sich hier allabendlich, um bei einem kühlen Bier oder einem Sundowner den Tag Revue passieren zu lassen. Spät wird es meist nicht, denn am nächsten Tag stehen häufig frühmorgens Wüstenexkursionen an.
Mezirah, Liwa Hotel, Arada Road • tgl. 18–1 Uhr

Rooftop Bar   E 6

Unwiderstehlich romantisch ist die Rooftop Bar des Hotels Qasr Al Sarab. Dort muss man sich während der Dämmerung einfinden, um präsent zu sein, wenn die gewaltigen Dünen rot erglühen und sich nach kurzer Zeit ein furioser Sternenhimmel zeigt. Angesichts dieser Umgebung geraten Luxus und Top-Design fast in den Hintergrund.
Hamim, Hotel Qasr Al Sarab, Qasr Al Sarab Road • tgl. 18–23 Uhr

SERVICE
AKTIVITÄTEN
Wandern in der Wüste

Einmal in der Rub Al Khali wandern: Die Sanddünen der Liwa-Oasen sind die Vorläufer des legendären »Empty Quarter«, der viel beschriebenen großen Sandwüste Rub Al Khali. Die Hotels Qasr Al Sarab und Tilal Liwa bieten Sunrise Desert Walks, die dies gefahrlos möglich machen. Noch vor Sonnenaufgang steht man auf und begibt sich mit dem Guide zu dem einige Kilometer entfernten Startpunkt der Wanderung. Man muss warme Bekleidung haben und festes, bequemes Schuhwerk tragen, durch das kein Sand eindringen kann, will man sich nicht unnötig beschweren. Zum Barfuß-Laufen ist es um diese frühe Uhrzeit viel zu kalt, dafür erwartet einen später ein grandioser Sonnenaufgang in der Wüste. Die Guides kennen die Gegend, während man selbst nach kurzer Zeit die Orientierung verliert und kaum noch sagen kann, aus welcher Himmelsrichtung man gekommen ist; sie machen auf Tierspuren und Pflanzen aufmerksam. Was es mit den singenden Sanddünen auf sich hat? Diese Frage stellt man am besten an Ort und Stelle und hat Gelegenheit, selbst der leisen Sphärenmusik zu lauschen, die der Sand verursacht, wenn man eine hohe Düne abwärts steigt.

REISEVERANSTALTER

Zahlreiche Reiseveranstalter (»tour operator«) in Abu Dhabi-Stadt bieten Tagesausflüge in die Liwa-Oasen (»Liwa Desert Safari«), teilweise auch mit Übernachtung. Ein eintägiger Ausflug kostet etwa 600 Dh.
Sunshine Travel & Tours, Desert Adventures, Al Raha Beach Hotel, 1. Etage, Al Raha • Tel. 02/556 61 55 • www.desertadventures.com

SPORT
Liwa Challenge

Bei dem Laufwettbewerb (All Sand-Course), der zur »kühlen« Jahreszeit Anfang Februar stattfindet, haben die Teilnehmer die Wahl zwischen einer 100 km bzw. einer 200 km langen Strecke durch die Liwa-Oasen. Eine Veranstaltung, die nicht nur Kondition voraussetzt, sondern auch eine Prise Abenteuerlust und Pfadfinderfähigkeiten, denn die Teilnehmer müssen allein auf sich gestellt und nur mit ihrem GPS ausgerüstet acht bis zehn Checkpoints selbstständig ansteuern.
www.liwachallenge.com

DIE SCHÖNSTEN REISEZIELE WELTWEIT

Die Insel Sir Bani Yas (▶ S. 99), benannt nach einem der ältesten arabischen Stämme, ist heute Heimat der Arabischen Oryx, einer Antilopenart, und zahlreicher anderer Wildtiere.

Touren und **Ausflüge**

Der ganze Zauber der Wüstenstaaten erschließt sich dem Besucher auf Ausflügen in die Einsamkeit der Wüste, zu den üppig grünenden Oasen oder in die Megacity Dubai.

Rundreise durch Abu Dhabi – In drei Tagen das Emirat entdecken

Charakteristik: Die Autofahrt führt von Abu Dhabi-Stadt entlang der Küste des Emirats nach Jebel Dhanna, mit der Fähre zur Insel Sir Bani Yas und anschließend in den Süden zu den Liwa-Oasen **Dauer:** 3 Tage mit jeweils einer Übernachtung auf Sir Bani Yas und in Mezirah (Liwa-Oasen) **Länge:** 760 km **Einkehrtipps:** Cafeteria des Emirates National Auto Museum, E 65, Hamim Road, Tel. 02/6 67 69 99, www.enam.ae, tgl. 9–13 und 16–18 Uhr € • Danat Resort, Jebel Dhanna, Tel. 02/8 01 22 22, www.danathotels.com, 109 Zimmer ♿ €€ **Auskunft:** Touris-

teninformationsbüro Al Maqta Fort, Abu Dhabi-Stadt, Al Maqta Bridge, Tel. 02/44 04 44, www.visitabudhabi.ae

📖 E 4

Man verlässt Abu Dhabi-Stadt in südöstlicher Richtung auf der Al Khaleej Al Arabi (Arabischer Golf) Street und fährt – vorbei an der Sheikh Zayed Grand Mosque – über die **Mussafah Bridge**, die südlichste der drei Brücken, die die Stadt mit dem Festland verbinden, durch den Stadtteil Bain Al Jessrain auf die Autobahn E 22. Diese heißt jetzt Abu Dhabi-Al Ain Road und führt am Ostrand der Stadt Mussafah und dann der Mohammed Bin Zayed City entlang zur Kreuzung mit der E 11, die von Norden, von Dubai, kommt und nach Südwesten und weiter nach Westen über Ruwais bis zur Grenze mit Qatar verläuft.

Abu Dhabi ▶ Jebel Dhanna

Die vier- bis sechsspurige E 11 führt an Abu Dhabis Westküste entlang, vorbei an Salzwüste, flacher, vegetationsloser Landschaft, landschaftlich zunächst ohne großen Reiz. Die Region heißt **Al Gharbia** – der Westen – und zeichnet sich u. a. durch ihren Reichtum an kleinen und kleinsten Inseln, zumeist unbewohnt und unter Naturschutz stehend, aus. Bevor nach etwa zwei bis

drei Stunden **Jebel Dhanna** erreicht ist – die Gesamtstrecke von Abu Dhabi-Stadt beträgt 250 km – passiert man mehrere große ADNOC-Tankstellen, dort ergibt sich die Möglichkeit zu einem Stopp und einer Einkehr im klimatisierten Coffee-Shop. Die Autobahn führt vorbei an der Abzweigung der E 45 (nach Süden zu den Liwa-Oasen) und dem Fischerort Tarif. Bis **Ruwais**, Wohnort von Ölarbeitern und -managern, verläuft die Autobahn wenige Kilometer parallel zur Küste; von dort sind es noch 20 km zur Fähre. Schließlich gelangt man zur Ausfahrt der Halbinsel Jebel Dhanna, von herrlichen Sandstränden umgeben und beliebt bei Einheimischen wie »expatriates« für Wochenendausflüge. Für einen ruhigen und luxuriösen Strandurlaub empfiehlt sich das dortige **Danat Resort**, das modern und maritim gestaltet ist und mit über 100, allesamt zum Meer hin ausgerichteten Zimmern, fünf vorzüglichen Restaurants, Health- und Fitnessclub, Tennis, Squash sowie 800 m herrlich weißem Privatstrand aufwartet.

Jebel Dhanna ▸ Sir Bani Yas

8 km vor der Halbinsel Jebel Dhanna liegt im Meer **Sir Bani Yas**. Einst war das Eiland ein privates Refugium von Sheikh Zayed, heute ist es der größte Naturpark der Arabischen Halbinsel. Ein Fährboot (Katamaran) des Hotels mit 15 Sitzplätzen bringt Besucher – vorbei an einem Palast des ehemaligen Herrschers des Emirats – in 20 Minuten hinüber zur Sir Bani Yas Bay; mit dem Hotelbus sind es dann noch einmal 20 Minuten zum an der Nordseite der Insel gelegenen und vom thailändischen Unternehmen Anantara betriebenen **Desert Islands Resort & Spa**. Das vierstöckige Bauwerk im Stil einer großen privaten Luxusvilla diente Sheikh Zayed als Gästehaus (Safari Lodge) seiner Safari-Teilnehmer. So wurde die 87 km² große Insel von dem verstorbenen Emir mit etwa 2,5 Mio. Bäumen bepflanzt und mit Gazellen und Oryx besiedelt, fast die Hälfte von Sir Bani Yas wurde zum **Arabian Wildlife Park**. Heute bevölkern an die 10 000 Tiere von zwei Dutzend Arten das inseleigene **Naturreservat**, darunter auch Hyänen, Leoparden, einst auf der Arabischen Halbinsel weit verbreitet, sowie Strauße und Giraffen. Bereits auf der Zufahrt zum Resort begegnet man Herden von Antilopen und anderen Wildtieren.

Das Hotel bietet zweistündige Safari-Touren mit dem offenen Safari-Mobil, bei der man die Wildtiere aus nächster Nähe sehen kann – kein Wunder, dass es heißt, die Geparden (»cheetas«), die nah an das Fahrzeug herankommen, würden vor der Tour gefüttert. Bei zweistündigen **Kajaktouren** durch die an der Ostseite der Insel gelegenen Mangroven, in spiegelglattem Gewässer, entdeckt man exotische Fische und Wasservögel, Flamingos auf Nahrungssuche, sieht

Die Insel Sir Bani Yas (▸ S. 99), 250 km südwestlich von Abu Dhabi-Stadt, bietet ein einzigartiges Mangroven-Ökosystem, das sich beim Kajakfahren erkunden lässt.

Gazellen am Ufer. Frühmorgens werden Ausflüge mit dem Mountainbike angeboten, oder man hat die Möglichkeit, kulturgeschichtlich unterwegs zu sein: Eine Tour zur Ostseite der Insel zu den Ruinen eines frühen christlichen Klosters, das vermutlich im späten 7. Jh. entstan-

Gegenverkehr in der Wüste: Die Begegnung mit Kamelen ist keine Seltenheit.

den ist, zeigt Reste einer Basilika, eines Kirschenschiffs mit Seitenkapellen und eines Grabs.

Jebel Dhanna ▶ Liwa-Oasen

Am nächsten Morgen bringt die Hotelfähre die Gäste zurück nach Jebel Dhanna. Die E 11 führt 130 km ostwärts bis zur Abzweigung der E 45 in südlicher Richtung über Madinat Zayed nach **Mezirah** im Zentrum der **Liwa-Oasen**. Von der vierspurigen Autobahn erkennt man die Grundlage des Wohlstandes von Abu Dhabi, nämlich zahlreiche Öl- und Gasinstallationen, mit denen die begehrten Rohstoffe gewonnen werden. Die Stadt **Medinat Zayed** (30 000 Einwohner), der Hauptort der Al Gharbia, der Western Region, wurde 1968 von Sheikh Zayed gegründet und umfassend begrünt. Parks mit Palmen und prächtigen Sträuchern entdeckt man allenthalben bei der Durchfahrt durch die Stadt. Nach rund 100 km (ab E 11) ist Mezirah erreicht, der Hauptort der Oasen, die sich in einem leichten Bogen (Liwa Road) von 65 km Länge östlich und 45 km westlich dieses Zentrums erstrecken. Eine Übernachtung empfiehlt sich im Liwa Hotel, auf einem Hügel der Stadt an der Straße nach Arada gelegen. Ausflüge führen zu Oasendörfern entlang der Liwa Road und zum **Tel Moreeb**, einer 25 km südlich von Mezirah – der Weg ist kurvig, hügelig und geteert – gelegenen, 120 m hohen und 1,6 km langen Sanddüne. Sie zieht am Wochenende und bei Festivals zahlreiche Einheimische an, die versuchen, mit Geländewagen die Steigung von 45 Grad hinaufzufahren. Der Rekord liegt bei 12 Sekunden, doch die meisten schaffen es nur bis zur Hälfte. Sogar eine Kamelrennbahn, ein Parkplatz, Campingplatz und ein Hubschrauberlandeplatz wurden errichtet. Während der übrigen Zeit sieht man zum Glück mehr Kamele als Autos. Auch **Forts** kann man auf dieser Tour sehen, da mehrere der an der Liwa Road gelegenen Oasen entsprechende kleinere Befestigungsanlagen besitzen, die meist zum Schutz der Wasservorräte errichtet wurden. Allerdings wurde bei deren Restaurierung manchmal zu viel getan, sodass die Bauwerke heute teilweise recht steril und künstlich aussehen. **Qatuf Fort** liegt 9 km westlich von Mezirah, 300 m nördlich der Straße. Die Quelle des Forts, 1947 von dem berühmten englischen Forschungsreisenden Wilfred Thesiger besucht und in seinem Reisebericht »Die Brunnen der Wüste« erwähnt, sprudelt aber noch heute unverändert neben der Moschee.

Al Meel Fort, 11 km östlich von Mezirah (500 m nördlich der Straße), vermutlich 1817 errichtet, ist von Dattelpalmen und Gemüsefeldern umgeben, an der Westseite liegt der Parkplatz. Der 12 x 12 m messende Innenhof wird von Wachtürmen überragt. **Al Jabbanah Fort**, 33 km östlich von Mezirah (300 m nördlich der Straße), stammt aus dem 19. Jh., ist von Dattelpalmen gerahmt und besitzt zwei Türme.

Mezirah ▸ Hamim

Am nächsten Tag führt die hügelige vierspurige Liwa Road ostwärts durch Dattelpalmoasen nach **Hamim** (65 km). 11 km entfernt liegt dort ein außergewöhnliches architektonisches Highlight inmitten der Wüste, das Hotel **Qasr Al Sarab** ⭐. Die Anfahrt durch die in Gold- und Rottönen leuchtende Landschaft, die sich aus hoch aufragenden Sanddünen zusammensetzt, und der Besuch des einzigartigen Hotels (in dem man in einem der Restaurants und Cafés eine Erfrischung bestellen kann) sind ein großartiges Erlebnis.

In Hamim wendet man sich nordwärts auf die Hamim Route (E 65), die 140 km lang zwei- und vierspurig zur E 11 verläuft. 25 km vor der E 11 stößt man rechts auf das **Emirates National Auto Museum**. Man kann es nicht verfehlen, denn ein riesiger Landrover weist den Eingang. Die private Sammlung von Sheikh Hamad Bin Hamdan Al Nahyan, auch Regenbogen-Scheich genannt, da er sieben ältere Mercedes-Benz in den sieben Farben des Regenbogens lackieren ließ, zeigt in einer großen Halle rund 200 Fahrzeuge, von denen nur ein kleiner Teil klassische Oldtimer sind. Die Übrigen sind Eigenbauten, Nachbauten, Feuerwehrautos, skurrile Pick-ups und eigenartige Konstruktionen, Wohnwagen, Repliken, Militärfahrzeuge, ältere Sportwagen und Cabriolets, viele Mercedes-Benz und Dodge, darunter ein 5 m hoher mit eingebautem Apartment. Diese eindrucksvolle Sammlung sollte man nicht versäumen, bevor man in der Cafeteria des Museums einen der Natursäfte probiert. Hinter dem Museum steht eine Boeing Tristar im Wüstensand.

Nach der Besichtigung des Museums sind es noch 25 km zur E 11 und dann rund 50 km nach Abu Dhabi-Stadt.

INFORMATIONEN

Desert Islands Resort & Spa by Anantara 📖 B 4
Sir Bani Yas Island • Tel. 02/8 01 54 00 • www.desertislands.com • 64 Zimmer • €€€

Emirates National Auto Museum
📖 E 4
E65, Hamim Road • www.enam.ae • tgl. 9–13 und 16–18 Uhr • Eintritt 5 Dh

Liwa Hotel 📖 D 6
Mezirah, Arada Road • Tel. 02/8 82 20 00 • www.almarfapearl hotels.com/liwa • 66 Zimmer • €€

Qasr Al Sarab Desert Resort 📖 E 6
Hamim, Qasr Al Sarab Road • Tel. 02/ 8 86 20 88 • www.qasralsarab. anantara.com • 196 Zimmer • €€€€

Mit Emirates Express in die Metropole Dubai – Ein Busausflug ins Nachbaremirat

Charakteristik: Die Busstrecke führt von Abu Dhabi-Stadt über die Autobahn nach Dubai **Dauer:** 1 Tag **Länge:** 280 km **Einkehrtipps:** Bayt Al Wakeel, Bur Dubai, Dubai Old Souk, Tel. 04/3 53 05 13, tgl. 9–23 Uhr €€ • Arabian Teahouse, Bur Dubai, Fahidi Roundabout, Bastakiya, Tel. 04/3 53 50 71, Metro: Al Fahidi €€
Auskunft: Dubai Department of Tourism, Deira, Erdgeschoss, Al Fattan Plaza, Airport Road, Tel. 04/2 82 11 11, www.dubaitourism.ae
Karte ▶ S. 103

Früh am Morgen fährt man mit dem Taxi zur Municipality Bus Station von Abu Dhabi-Stadt an der Ecke East Street (4th Street)/Hazaa Bin Zayed the 1st Street (11th Street). Emirates Express verkehrt stündlich nach Dubai, doch wenn der Andrang groß ist, wird öfter gefahren. Die Fahrt über die Autobahn E11 dauert eineinhalb bis zwei Stunden, außer nahezu endlos sich erstreckenden Palastmauern gibt es dabei nicht viel zu sehen. Doch dann nähert man sich Dubai, der Bus passiert die kilometerlange Sheikh Zayed Road, die Hauptverkehrsader der Metropole. Ultramoderne Hochhäuser säumen die zehnspurige Straße mit Nebenfahrbahnen (»local road«, »access road«). Parallel zur Straße verläuft die Metro auf Viadukten, 4 bis 6 m über dem Boden.

Bur Dubai ▶ Creek
Der Bus fährt zum Al Ghubaiba Bus Terminal in **Bur Dubai**, dem ältesten Teil der Stadt. Zu Fuß gelangt man von dort zu dem in der Nähe liegenden **Heritage & Diving Village** am **Creek**, dem viel gerühmten Freilichtmuseum im Stil eines traditionellen Dorfes. Hier werden auf anschauliche und überaus interessante Weise die einstige Perlfische-

rei sowie das Leben in Dubai vor dem Erdölboom demonstriert.

Den Creek entlang
Auf dem Weg am Creek entlang – arabisch **Khor**, so heißt der 12 km in das Emirat hineinreichende Meeresarm – zum alten Dubai passiert man zunächst das **Sheikh Saeed Al Maktoum House**. Den Palast aus Lehm ließ sich der Großvater des jetzigen Emirs zu Beginn des 20. Jh. erbauen. Vier Windtürme überragen das zweistöckige Gebäude und dienten der Kühlung der darunter liegenden Räume. Das Haus fungiert heute als Museum. Um den Innenhof gruppieren sich Ausstellungsräume, die das einstige Leben der Händler am Dubai Creek vor Augen führen. Im Al Maktoum-Flügel zeigen Schwarz-Weiß-Fotos die Herrscherfamilie.

Am Creek locken Cafés und Restaurants, doch sollte man ein paar Schritte weitergehen, an der Abra-Station vorbei – mit dieselgetriebenen Holzbooten für 20 Personen kann man den Creek hinüber zur Deira-Seite überqueren – zum **Bayt Al Wakeel**. Das ehemalige Handelshaus von 1935 beherbergt heute ein Café-Restaurant, das auf einer hölzernen Terrasse über dem Creek liegt. Bei einem Granatapfelsaft lässt

sich der Abra- und Dhauverkehr auf dem geschäftigen Meeresarm gut beobachten. Anschließend schlendert man durch lebhafte Soukstraßen zum **Fahidi Fort**, einer Festung von 1878, heute das bedeutendste Museum der Stadt und des Emirats. Durch eine schwere Holztür gelangt man in den Innenhof, in dem traditionelle Boote und Dhaus liegen. Das Museum selbst wurde im Untergeschoss des Forts eingerichtet; es zeigt auf anschauliche Weise den Alltag in der Wüste vor dem Ölboom. Das Museum liegt am Rande von **Bastakiya**, dem historischen Viertel von Dubai. Rund 50 meist zweistöckige Häuser persischer Einwanderer und Perlenhändler, Anfang des 20. Jh. aus Korallenkalk und Lehm erbaut, teilweise mit Windtürmen, wurden saniert bzw. aufwendig restauriert und beherbergen jetzt Restaurants, Galerien, Cafés, Museen und Teile der Stadtverwaltung. Einen Rundgang durch die schmalen Gassen sollte man keinesfalls versäumen. Anschließend lockt das **Arabian Teahouse** in seinem grünen Patio zu einem kleinen arabischen Snack.

Burj Khalifa ▸ Dubai Mall

Die weitere Stadtbesichtigung lässt sich nicht mehr zu Fuß unternehmen. Man nimmt daher die Metro an der Station Khaleed Bin Waleed zum **Burj Khalifa**. Das 828 m hohe Gebäude, 2010 fertiggestellt, ist das höchste der Welt. Es enthält Büros, Apartments – die teuersten und prestigeträchtigsten von Dubai – sowie das gleichnamige, vom Modeschöpfer Armani designte Hotel. Auf der 124. Etage erwartet Besucher in 454 m Höhe die Aussichtsplattform »**At the Top**« – Eintrittskarten gibt es in der Dubai Mall (preiswerter, wenn man vorher online reserviert). Zu Füßen des »Turms« (Burj) liegt die **Dubai Mall** (die zweitgrößte Shoppingmall der Welt) mit 1200 Geschäften. Eine gewaltige Eislaufbahn sowie 160 Cafés und Restaurants ergänzen das Verkaufsangebot ebenso wie der Gold Souk mit 220 Juweliershops. Im Erdgeschoss entdeckt man das **Dubai Aquarium**, in dem sich meterlange Rochen und Haie tummeln. Durch ein 32 m langes und 8 m hohes »Viewing Panel« kann man drei Stockwerke hoch hineinsehen, und von einem Tunnel sieht man die Fische von unten. Neben der Mall liegt der **Dubai Lake**, ein künstlicher kleiner See mit Wasserspielen, die von Musik und Licht begleitet werden. Eine Brücke über den See führt in den **Souk Al Bahar**, die Replik eines traditionellen Souks, in dem orientalische Waren feilgeboten werden.

The Palm

Wenn noch Zeit ist, kann man die künstliche Insel **The Palm Jumeirah** mit dem Hotel Atlantis besuchen. The Palm ragt 4,5 km in Form einer Palme ins Meer hinaus. Am besten fährt man mit dem Taxi zur Gateway Station der Monorail, einer Hochbahn, die über den Stamm der Palme zum Hotel Atlantis fährt (25 Dh hin und zurück). Man sieht von oben einen Jachthafen, Apartmenthochhäuser, Einkaufszentren, Hotels und auf den 16 Wedeln von The Palm endlose Reihen teurer Villen. Über einen Viadukt gelangt man zum **Crescent**, einer langen Straße, die die gesamte Palme umrundet. Am Scheitelpunkt ragt der Atlantis-Hotelpalast auf. Dem Hotel angeschlossen ist ein Aquarium (The Lost Chambers), ein Einkaufszentrum und der Wasserpark Aquaventure.

INFORMATIONEN

Burj Khalifa ▸ S. 103, südl. b 3
Downtown Dubai, Financial Centre
Road, ab Sheikh Zayed Road • Metro:
Dubai Mall • www.burjkhalifa.com •
TIckets im Ticket Office im Erdge-
schoss der Dubai Mall neben dem
Eingang zu »At the Top« (online-Re-
servierung möglich) • sofortiger Ein-
lass 530 Dh, nach vorheriger Reser-
vierung 130 Dh

**Dubai Aquarium & Underwater
Zoo** ▸ S. 103, südl. b 3
Downtown Dubai, Dubai Mall,
Financial Centre Road, ab Sheikh
Zayed Road • Metro: Dubai Mall •
www.thedubaiaquarium.com •
tgl. 10–24 Uhr • Eintritt Tunnel,
Underwater Zoo 105 Dh

Dubai Mall ▸ S. 103, südl. b 3
Downtown Dubai, Doha Street, ab
Sheikh Zayed Road • Metro: Dubai
Mall • www.thedubaimall.com •
tgl. 10–24 Uhr

Dubai Museum ▸ S. 103, b 3
Bur Dubai, Al Fahidi Fort, Al Fahidi
Street • Metro: Al Fahidi • tgl. 8.30–
20, Fr 14.30–20.30 Uhr • Eintritt 3 Dh

Heritage & Diving Village ▸ S. 103, b 2
Bur Dubai, Shindagha • Metro:
Al Ghubaiba • Sa–Do 8–22, Fr
16–22 Uhr • Eintritt frei

The Palm Jumeirah ▸ S. 103, südl. a 3
Jumeirah Beach Road • Metro: Inter-
net City • www.palmjumeirah.ae •
The Lost Chambers: Eintritt 100 Dh,
Aquaventure: Eintritt 250 Dh

Sheikh Saeed Al Maktoum House
▸ S. 103, a 2
Bur Dubai, Shindagha • Metro: Al
Ghubaiba • tgl. 8–20, Fr 15–20 Uhr •
Eintritt 2 Dh

Ein Abstecher nach Dubai (▸ S. 102) führt den Besucher in eine weitere Metropole
der Superlative, die mit ihrer Skyline aus himmelragenden Türmen fasziniert.

Mit dem Mietwagen nach Sharjah – Ausflug in die »Kulturhauptstadt« der VAE

Charakteristik: An Dubai vorbei und weiter nach Sharjah führt der Tagesausflug, für den ein Mietwagen nötig ist **Dauer:** 1 Tag **Länge:** 300 km **Einkehrtipps:** Hotel Golden Tulip Al Jazira, auf halber Strecke zwischen Abu Dhabi-Stadt und Dubai, Tel. 02/5 62 91 00, www.goldentulipaljazira.com €€€ • Restaurant Fish Corner, Block C, Qanat Al Qasba, Tel. 06/5 56 88 84, www.alqasba.ae/FishCorner. aspx, tgl. 12.30–24 Uhr € **Auskunft:** Sharjah Tourism Development Authority, Sharjah, Al Majaz, Buheira Corniche, Crescent Tower, 9. Etage, Tel. 06/5 56 67 77, www.sharjahtourism.ae
Karte ▸ S. 107

Man verlässt Abu Dhabi-Stadt auf der Sheikh Rashid Bin Zayed Al Maktoum Road oder der Eastern Ring Road (Al Qurm Corniche) in südöstlicher Richtung, beide führen zur Al Maqta Bridge, der mittleren der drei Brücken, die die Stadt mit dem Festland verbinden. An der Brücke liegt das **Al Maqta Fort**, das heute ein Touristeninformationsbüro beherbergt, und links sieht man in der Lagune den **Al Maqta Watchtower** liegen. Dann gelangt man auf die Abu Dhabi-Dubai Road (E 10) und passiert den Stadtteil Al Raha mit dem Al Raha Beach Hotel und Yas Island. Wenig später trifft die E 10 auf die E 11, die nach Nordosten führt. Auf halber Strecke nach Dubai (Ausfahrt Ghantoot) lässt sich eine Pause im **Golden Tulip Al Jazira** machen, einem Hotel in herrlicher Lage auf einer künstlichen Insel inmitten einer Meereslagune.

Abu Dhabi ▸ Sharjah
Bei Jebel Ali nimmt man die E 311, sie führt um Dubai herum – die E 11 wird später zur Sheikh Zayed Road, die direkt ins Zentrum von Dubai führt –, dadurch lassen sich Staus in Dubai sowie solche auf der Strecke von Dubai nach **Sharjah** vermeiden. An der Kreuzung mit der E 88, die östlich zum Sharjah Desert Park und westlich am Flughafen vorbei nach Sharjah-Stadt führt, nimmt man die Ausfahrt Sharjah Airport und gelangt in die Stadt.

Blue Souk ▸ Altstadt von Sharjah
Das Auto stellt man am besten auf dem Parkplatz des **Blue Souk** (auch als **Central Souk** und **Souk Al Markazi** ausgeschildert) in der King Faisal Road ab. In dem meistfotografierten Souk der Emirate, der viele Besucher an einen Jugendstilbahnhof erinnert, findet man im oberen Stockwerk Antiquitäten, darunter auch in Asien hergestellte, meisterhafte Kopien, sowie landestypische Souvenirs. Hier muss gehandelt werden. Meist kann man sich auf einen Preis einigen, der 40 bis 50 % unter dem eingangs genannten liegt. Vom Souk führt die Corniche Street nördlich zum **Sharjah Creek** und in die komplett restaurierte **Altstadt** von Sharjah-Stadt, die auch als Kulturhauptstadt der Arabischen Halbinsel gilt. Die **Arts Area** liegt östlich der Al Booj Avenue, die **Heritage Area** westlich; beide sind komplett

autofrei und faszinieren durch ihre genuin arabische Atmosphäre. Hier muss man unbedingt einen Spaziergang unternehmen. In der Heritage Area wurden Dutzende von traditionellen Häusern aus Korallenkalk und Lehm aufwendig restauriert; mit Ausnahme ihrer wuchtigen, von Eisennägeln beschlagenen Holztüren sowie den ornamentalen Fenstergittern zeigen sich die Fassaden völlig schmucklos. Erst im Inneren der Gebäude erfährt man die ganze Prachtentfaltung. Da viele dieser Häuser als Museen eingerichtet wurden (und die Eintrittsgelder meist nur einige Dirham betragen), lassen sich auf diese Weise viele Bauwerke betre-

ten. Beim **Bait Al Nahboodah** etwa handelt es sich um das einstige Wohnhaus eines reichen Perlenhändlers, ein zweistöckiger Stadtpalast, der 1845 errichtet wurde; vom Innenhof des heutigen Museums zweigen Räume ab, die noch immer im Stil der damaligen Zeit möbliert und dekoriert sind. Anschließend schlendert man zum historischen **Souk Al Arsah**, der auch nach der Restaurierung nichts von seiner authentischen Atmosphäre verloren hat. Im Halbdunkel liegen an gepflasterten Wegen zahlreiche kleine Läden, die Gewürze, Kunsthandwerk, Schmuck und Dekorationsobjekte feilbieten, es riecht nach Kardamom und Minze. Im traditionellen Kaffeehaus sitzen Einheimische und spielen Karten, es gibt Tee, Natursäfte und kleinere arabische Gerichte.

Auf der anderen Seite der Al Boorj Avenue erstreckt sich die sogenannte **Arts Area**. Zuvor sieht man sich in einem weiteren Museum des neu konstruierten, zweistöckigen alten **Forts Al Hisn**, erbaut 1822 als Residenz der herrschenden Emirfamilie Al Qasimi, die Ausstellungen an, die aus Waffen, Möbeln und Schwarz-Weiß-Fotos aus der Geschichte des Emirats bestehen. In der 12 ha großen Arts Area versammeln sich mehrere Kunstmuseen. Das **Sharjah Art Museum**, das größte Kunstmuseum der Emirate, zeigt auf drei Stockwerken in temporären Ausstellungen zeitgenössische Kunst sowie orientalische Künstler ab dem 18. Jh. Das Bait Majlis Al Mirfaah wird von einem seltenen runden Windturm überragt, und im Bait Obaid Al Shamsi, einem restaurierten Wohnhaus (gegenüber dem Art Museum), gelangt man vom Innenhof aus in Kunstgalerien, darunter etwa die berühmte **Sharjah Art Gallery**.

Geht man an der Corniche Street ein Stückchen weiter in östliche Richtung, findet man in einem prächtigen arabischen Stadtpalast, 1987 im neo-islamischen Stil errichtet, dem einstigen Souk Al Mujarrah, das hervorragende **Museum of Islamic Civilization**. Dieser einzigartige Mikrokosmos der altarabischen Welt ist für viele das schönste und beste der zahlreichen Museen Sharjahs. Eine gewaltige goldene Kuppel zieren im Inneren üppige Mosaiken, in den Museumsräumen finden sich inspirierende Ausstellungen, die in das komplexe Glaubenssystem des Islam einführen. Wertvollste Reliquie ist ein Stück Stoff – Teil der sogenannten Kiswah, die in Mekka (Saudi-Arabien) die Kaaba, das zentrale Heiligtum, umhüllte.

Altstadt ▸ Neustadt

Von der Altstadt geht es nun in die Neustadt und zur abendlichen Flaniermeile der Stadt: Auf der anderen (südlichen) Seite der Khalid Lagoon, der größten Lagune der Stadt mit der Insel Al Jazeera und einer Wasserfontäne in ihrer Mitte, wurde ein 1 km langer und 30 m breiter Kanal zur Lagune Khor Al Khan angelegt. Dieser **Qanat Al Qasba**, von drei Fußgängerbrücken überquert, wird gesäumt von prächtigen neuen Stadtpalästen im neo-islamischen Stil. Auf beiden Seiten des Wassers trifft man sich in schicken Restaurants, französischen und italienischen Cafés oder schlendert durch Boutiquen. Elektrisch betriebene Abra befahren den Kanal, dessen Ende ein 60 m hohes Riesenrad überragt, **Eye of the Emirates** genannt; von seinen 42 gläsernen Kabinen gewinnt man einen Panoramablick über Sharjah bis nach Dubai.

Eine Pause erforderlich? Das Restaurant **Fish Corner** am Qanat Al Qasba serviert ab mittags Fischgerichte und Meerestiere in mediterraner Zubereitungsweise. Der Duft nach Croissants und starkem Espresso zieht europäische »expatriates« hingegen ins beliebte Café Gerard, wo man auch draußen und unter den Galerien des palastartigen Gebäudes sitzt.

An der West-(Al Khan-)Seite des Kanals führt die Al Khan Corniche nach Norden. An der Mündung der Al Khan Lagoon fällt das **Sharjah Aquarium** in den Blick, ein moderner, edler Bau mit einem Glastunnel, durch den Besucher hindurchlaufen und so die Meeresbewohner zu Gesicht bekommen. Gleich nebenan liegt das **Museum der Seefahrt (Maritime Museum)** mit historischen Dhaus, die einst für Fischfang, Handel und Perlfischerei eingesetzt wurden, sowie Gerätschaften und einer Perlenausstellung.

Abstecher zum Sharjah Desert Park

Wenn noch Zeit bleibt vor der Rückfahrt nach Abu Dhabi, darf man sich einen Besuch des **Sharjah Desert Park** (28 km östlich der Stadt) nicht entgehen lassen. Dazu fährt man wieder auf die E 88 (Al Dhaid Road) und am Flughafen vorbei. Gazellen und Wüstenfüchse, zahlreiche nachtaktive Tiere, in der Wüste gefundene Fossilien und Steine sind Teil des aus einer Initiative des Sharjah-Herrschers zum Schutz der seltenen Oryx-Antilope hervorgegangenen Tiergartens, der auch ein Naturkundemuseum mit einschließt.

Zur Rückfahrt nach Abu Dhabi-Stadt nimmt man die E 88, wechselt anschließend auf die E 311 und folgt der Autobahn anschließend nach Süden in Richtung Abu Dhabi.

INFORMATIONEN

Bait Al Nahboodah ▶ S. 107, a 1
Heritage Area • www.sharjah museums.ae • Sa–Do 8–20, Fr 16–20 Uhr • Eintritt 5 Dh

Eye of the Emirates ▶ S. 107, b 4
Qanat Al Qasba • Sa–Do 10–24, Do 15–1 Uhr • Eintritt 30 Dh, Kinder 15 Dh

Al Hisn Museum ▶ S. 107, a 1
Al Boorj Avenue • www.sharjah museums.ae • Sa–Do 8–14 Uhr • Eintritt 5 Dh

Maritime Museum ▶ S. 107, a 4
Al Khan Corniche • www.sharjah museums.ae • tgl. 8–20, Fr 16–20 Uhr • Eintritt 10 Dh, Kinder 5 Dh

Museum of Islamic Civilization
▶ S. 107, a 1
Al Mujarrah Corniche Road • www. sharjahmuseums.ae • tgl. 8–20, Fr 8–16 Uhr • Eintritt 5 Dh, Kinder frei

Sharjah Art Museum ▶ S. 107, b 1
Arts Area • www.sharjahmuseums. ae • Di–So 9–13 und 17–20, Fr 17–20 Uhr • Eintritt frei

Sharjah Aquarium ▶ S. 107, a 4
Al Khan Road • www.sharjah aquarium.ae • Mo–Do 8–20, Fr 16–22 Uhr • Eintritt 25 Dh, Kinder 15 Dh

Sharjah Desert Park 📖 G 2
Al Dhaid Road, Interchange 9 • Mi–Mo 9–18, Fr 14–18 Uhr • Eintritt 15 Dh

Souk Al Arsah ▶ S. 107, a 1
Heritage Area • tgl. 9–13 und 16.30–21, Fr 16.30–21 Uhr

Kameltrekking in der Wüste Rub Al Khali (▶ S. 89): Schier endlos erstrecken sich die Dünen in der größten Sandwüste der Erde.

Wissenswertes über
Abu Dhabi

Nützliche Informationen für einen gelungenen Aufenthalt: Fakten
über Land, Leute und Geschichte sowie Reisepraktisches von A bis Z.

Auf einen Blick

Mehr erfahren über Abu Dhabi und die Vereinigten Arabischen Emirate – Informationen über Land und Leute, von Bevölkerung über Politik bis Wirtschaft.

Amtssprache: Arabisch
Bevölkerung: 18 % Emiratis, 82 % Immigranten
Einwohner: 2,6 Mio. (Abu Dhabi), 9,4 Mio. (VAE)
Fläche: 67 340 km² (Abu Dhabi), 83 600 km² (VAE)
Hauptstadt: Abu Dhabi, 1,5 Mio. Einwohner
Internet: www.government.ae
Religion: 96 % Muslime
Staatsform: Autonomes Emirat innerhalb der patriarchalischen Föderation
Staatsoberhaupt: Präsident Sheikh Khalifa Bin Zayed Al Nahyan
Verwaltung: Sieben Emirate
Währung: Arab Emirates Dirham

Bevölkerung

Die Bevölkerung des Emirats Abu Dhabi (ca. 2,6 Mio.) setzt sich aus 18 % Einheimischen (Emiratis, »locals«, »nationals«) und 82 % Arbeitsimmigranten (»expatriates«) zusammen. Eine starke Zunahme der Bevölkerung begann nach der Entdeckung des Erdöls, als man mit den aus dem Ölverkauf resultierenden großen Einnahmen ausländische Arbeitskräfte zur Schaffung und Verbesserung der Infrastruktur anwarb. Die Migranten stammen zum großen Teil aus Indien, Pakistan und Bangladesch, doch gibt es auch Zuwanderer aus Europa und Nordamerika. Ca. 20 % der Bevölkerung

◄ Nur 18 % der Bevölkerung sind »locals«, die übrigen 82 % Zuwanderer.

sind jünger als 15 Jahre, das Bevölkerungswachstum beträgt 3,3 %, die durchschnittliche Lebenserwartung liegt bei 74/79 (m/w) Jahren.

Nahezu jede körperliche Arbeit wird von Arbeitsimmigranten (»expatriates« genannt), zumeist aus asiatischen Billiglohnländern, erledigt. Bereits geringfügige Vergehen, wie wiederholte Unpünktlichkeit am Arbeitsplatz, reichen aus, dass ihnen die Ausreise droht.

Lage und Geografie

Die Vereinigten Arabischen Emirate und das Emirat Abu Dhabi liegen am Arabischen Golf. Eines der sieben Emirate, nämlich Fujairah, liegt am Golf von Oman. Das Emirat Abu Dhabi grenzt an Oman und Saudi-Arabien. 95 % von Abu Dhabi bestehen aus Wüste, nämlich Sand-, Geröll- und Salzsumpfwüste (»sabkha«). Der Jebel Hafeet, die höchste Erhebung der Vereinigten Arabischen Emirate, südlich der Stadt Al Ain erreicht eine Höhe von 1240 m. Vor der mehr als 300 km langen Küste des Emirats liegen mehr als 200 Inseln, viele von ihnen sind unbewohnt oder ragen als flache Sandbänke aus dem Wasser.

Politik und Verwaltung

Die Vereinigten Arabischen Emirate bilden eine Föderation aus sieben weitgehend autonomen Emiraten. Die Regierung setzt sich zusammen aus dem Rat der Herrscher (Ruler, Emir) der sieben Emirate. Die Emire ernennen das Kabinett und die Nationalversammlung. Präsident der VAE ist der Emir von Abu Dhabi, Sheikh Khalifa Bin Zayed Al Nahyan, Ministerpräsident der Emir von Dubai, Sheikh Mohammed Bin Rashid Al Maktoum.

Religion

Staatsreligion ist der Islam. Fünf Elemente prägen das Leben der Muslime: Das Glaubensbekenntnis, das fünfmalige tägliche Gebet, die Almosensteuer »zakat«, d. h. Spenden an Bedürftige, das Fasten im heiligen Monat Ramadan, und mindestens einmal im Leben sollte jeder Muslim eine Pilgerreise (»hadsch«) in die Heilige Stadt Mekka in Saudi-Arabien unternehmen. In den VAE herrscht (weitgehend) Religionsfreiheit, so gibt es dort christliche Kirchen und hinduistische Tempel.

Sprache

Landessprache ist Arabisch. In Geschäftsangelegenheiten wird auch Englisch gesprochen.

Wirtschaft

Die Erdölförderung und die Einnahmen durch den Verkauf des Erdöls (»Petrodollars«) führten zur Schaffung einer umfassenden Struktur und schufen den enormen Wohlstand Abu Dhabis. Der größte Teil der Exporte der VAE aus der Erdölindustrie erfolgt aus dem Emirat Abu Dhabi, das über rund 10 % der Welterdölreserven verfügt. Das Emirat bemüht sich jetzt darum, seine Wirtschaft zu diversifizieren, Handel, Immobilien und Dienstleistungsgewerbe auszuweiten und an den Tourismus der VAE (Dubai) anzuschließen. Einen Teil seiner Öleinnahmen investiert Abu Dhabi im Ausland und hält zum Beispiel rund 9 % der Aktien der Daimler AG.

Geschichte

5.–3. Jt. v. Chr.

Siedler erreichen den Südosten der Arabischen Halbinsel, lassen sich nieder und betreiben Landwirtschaft. Sie geraten zunehmend unter den Einfluss von Mesopotamiern, die das Land »Magan« nennen.

2. Jt. v. Chr.

Handel und Seefahrt entwickeln sich zum bedeutsamen Kennzeichen der Region, die einen wichtigen Stützpunkt zwischen Asien (Indien und China) und dem Mittelmeer bildet.

ab dem 6. Jh. n. Chr.

Persische Herrschaft an den Küsten der Emirate.

570–632

Allahs Prophet Mohammed: Seine Flucht von Mekka nach Medina (622) markiert den Beginn der islamischen Zeitrechnung.

7. Jh.

Der Islam breitet sich noch zu Lebzeiten Mohammeds auf der Arabischen Halbinsel aus.

8.–10. Jh.

Entwicklung der islamischen Kultur mit islamischer Architektur, religiöser Praxis, islamischer Kunst (Arabesken, Kalligrafie) und Musik.

11.–15. Jh.

Die Emirate erleben zahlreiche Invasionen aus Persien. Im 14. Jh. erscheinen die ersten Berichte des Weltreisenden Ibn Battuta.

1507–1521

Portugiesen erobern die Küsten von Bahrain und der Emirate und errichten Forts zur Verteidigung ihres Handels.

1622

Die Portugiesen werden mit britischer Hilfe (East India Company) aus Ras Al Khaimah vertrieben.

18. Jh.

Beduinen aus dem Landesinneren besiedeln die Küsten der Arabischen Halbinsel. Die Qawasim gründen Ras Al Khamaih, der Bani-Yas-Stamm Abu Dhabi und Dubai. Die Qawasim greifen britische Schiffe an, damit wird der Ruf der Region als Piratenküste begründet.

1805–1811

Britische Angriffe auf das Emirat Ras Al Khaimah.

1820

Erster Vertrag der Sheikhs der Emirate mit Großbritannien, das einen politischen Vertreter in Sharjah einsetzt. Die Region wird als »Trucial Coast« (Vertragsküste) bzw. später als »Trucial States« bekannt.

19. Jh.
Die Perlfischerei erreicht in den Emiraten ihren Höhepunkt.

1932
Bau eines britischen Flughafens in Sharjah.

ab 1951
Gespräche der Herrscher der einzelnen Emirate über Zusammenarbeit, Entwicklung und Unabhängigkeit von Großbritannien. Entdeckung von Erdöl.

1958
Beginn der Erdölförderung in Abu Dhabi.

ab 1960
Rasante wirtschaftliche Entwicklung der Emirate Abu Dhabi und Dubai.

1968
Großbritannien beginnt den seit 1966 geplanten Rückzug aus allen Kolonien und Stützpunkten östlich des Suezkanals und damit aus der Region am Arabischen Golf.

2. Dezember 1971
Nachdem die Briten am 30. November aus den Emiraten abgezogen sind, erfolgt zwei Tage später die Gründung der Vereinigten Arabischen Emirate durch Abu Dhabi, Dubai, Ajman, Sharjah, Umm Al Quwain, Ras Al Khaimah und (1972) Fujairah.

1981
Gründung des Gulf Cooperation Council (GCC) der Staaten Bahrain, Kuwait, Oman, Qatar, Saudi-Arabien und Vereinigte Arabische Emirate.

2004
Nach dem Tod des Präsidenten der VAE, Sheikh Zayed, wird dessen ältester Sohn, Sheikh Khalifa Bin Zayed Al Nahyan, Emir und Herrscher von Abu Dhabi und übernimmt das Amt des Präsidenten.

2008
In Abu Dhabi wird die Sheikh Zayed Grand Mosque, drittgrößte Moschee der Welt, eingeweiht.

2011
Am 2. Dezember feiern die VAE ihren 40. Geburtstag.

2012
Im Februar empfängt Bundeskanzlerin Angela Merkel den Kronprinzen von Abu Dhabi, Sheikh Mohammed Bin Zayed Al Nahyan, zu Gesprächen über wirtschaftliche Zusammenarbeit, Energie und Umwelt. Abu Dhabi setzt verstärkt auf den Wirtschaftsfaktor Tourismus: Auf den Inseln Yas und Saadiyat werden mehrere luxuriöse Hotels eröffnet.

2017
Louvre Abu Dhabi wird eröffnet.

Reisepraktisches von A–Z

ANREISE

MIT DEM FLUGZEUG

Etihad Airways (www.etihad.com) fliegt täglich von Frankfurt, München und Düsseldorf nach Abu Dhabi (und bringt die Passagiere mit einem kostenlosen Bus-Shuttle nach Dubai und Al Ain).

Lufthansa (www.lufthansa.com) bietet täglich Flüge von Frankfurt aus nach Abu Dhabi an.

Mit einem Zwischenstopp am Arabischen Golf fliegen täglich Gulf Air (www.gulfair.com, mit einem Zwischenstopp in Manama im Königreich Bahrain), Kuwait Airways (www.kuwaitairways.com, mit Zwischenstopp in Kuwait), Qatar Airways (www.qatarairways.com, mit einem Zwischenstopp in Doha, Qatar) und Emirates (www.emirates.com, mit einem Zwischenstopp in Dubai) von Frankfurt, Zürich und Wien nach Abu Dhabi.

Der Flug nach Abu Dhabi dauert nonstop rund sechs Stunden. Der Preis für einen Hin- und Rückflug beginnt bei rund 400 €.

Auf www.atmosfair.de und www.myclimate.org kann jeder Reisende durch eine Spende für Klimaschutzprojekte für die CO_2-Emission seines Fluges aufkommen.

VOM FLUGHAFEN IN DIE STADT

Vom Internationalen Flughafen Abu Dhabi fährt die Buslinie 901 (grün-weiß) ins Zentrum von Abu Dhabi-Stadt und zur Municipality Bus Station, die sich an der Ecke East Street (4th Street)/Hazaa Bin Zayed the 1st Street (11th Street) befindet. Der Bus verkehrt alle 40 Minuten, die Fahrtdauer beträgt 45 Minuten, und der Fahrpreis liegt bei 3 Dh. Ein Taxi kostet ca. 70 bis 80 Dh.

AUSKUNFT

IN DEUTSCHLAND, ÖSTERREICH UND DER SCHWEIZ

Abu Dhabi Tourism & Culture Authority

Goethestr. 27, 60313 Frankfurt/M. • Tel. 0 69/2 99 25 39 20 • www.visit abudhabi.ae

IN ABU DHABI

Abu Dhabi Tourism Authority

▶ S. 68, c 4

Abu Dhabi, P.O. Box 94000 • Tel. 02/4 44 04 44 • www.visit abudhabi.ae

BARRIEREFREI

Die meisten von Abu Dhabis Vier- und Fünf-Sterne-Hotels und Shoppingmalls sind behindertengerecht ausgestattet. Am Flughafen von Abu Dhabi können Behinderte den (kostenpflichtigen) Golden Class Service (Tel. 02/5 75 74 66) in Anspruch nehmen.

BUCHTIPPS

Dieter Eppler: Blindflug Abu Dhabi – Mein Leben nach dem Swissair Grounding (WOA Verlag 2011) Der ehemalige Swissair-Pilot wird von Etihad Airways angeheuert; amüsanter Bericht über sein neues Leben, mit vielen Einblicken in das Leben von »expatriates«.

Frauke Heard-Bey: Die Vereinigten Arabischen Emirate zwischen Vorgestern und Übermorgen (Olms, 2010) Die deutsche Historikerin lebt seit 1967 in Abu Dhabi. Sie beschreibt als Insiderin die Geschichte der VAE und den Wandel der Emirate nach dem Ölboom.

Nadine Scharfenort: Urbane Visionen am Arabischen Golf: Die »Post-Oil-Cities« Abu Dhabi, Dubai, Sharjah (Campus 2009) Wissenschaftliche Untersuchung über die Zeit nach dem Ölboom; fundiert recherchiert und gut zu lesen.

Wilfred Thesiger: Die Brunnen der Wüste – Mit den Beduinen durch das unbekannte Arabien (Piper Taschenbuch 1991) Berichte des Arabienforschers über Reisen in der Rub Al Khali in den Jahren 1946 bis 1950. Poetische Schilderungen – ein Schatz historischer Reiseliteratur.

DIPLOMATISCHE VERTRETUNGEN
IN ABU DHABI

Deutsche Botschaft ▸ Klappe vorne, f 3
Abu Dhabi-Stadt, Abu Dhabi Mall, West Tower (14th floor) • Tel. 02/5 96 77 77 • www.abu-dhabi.diplo.de

Österreichische Botschaft
▸ S. 68, a 3
Al Reem Island, Sky Tower, Office no. 504 • Tel. 02/6 94 49 99

Botschaft der Schweiz
▸ Klappe vorne, e 2
Abu Dhabi-Stadt, Centro Capital Center Building, 17. Etage, Al Khaleej Al Arabi Street • Tel. 02/6 27 46 36

FEIERTAGE
Die moslemischen Feier- und Festtage sind nicht genau festgelegt und können um einen Tag variieren.
21. Nov. 2018, 10. Nov. 2019 Mohammeds Geburtstag
6. Mai–5. Juni 2019, 24. April–24. Mai 2020 Ramadan
5.–7. Juni 2019, 24.–26. Mai 2020 Eid Al Fitr (Ramadanfest)

6. Aug. Accession Day
22.–25. Aug. 2018, 12.–15- Aug. 2019 Eid Al Adha (Opferfest)
11. Sept. 2018, 31. Aug. 2019 Hejra-Neujahr
2. Dez. National Day

FESTE UND EVENTS
JANUAR
Tel Moreeb International Festival (Liwa Festival) 📙 D 6
Geländewagen und Quads rasen die 120 m hohe Düne hinauf. Als Begleitprogramm finden Kamel- und Pferderennen sowie Folkloredarbietungen statt.
1 Woche Anfang Januar • Liwa-Oasen, Moreeb Hill, 25 km südwestl. von Mezirah

Abu Dhabi HSBC Golf Championship 📗 E 4
Lee Westwood, Rory McIlroy und Martin Kaymer: Die hoch dotierte europäische PGA zieht Top-Spieler nach Abu Dhabi.
4 Tage Mitte Januar • Sas Al Nakl, Abu Dhabi-Dubai Road • www.abu dhabigolfchampionship.com, www.adgolfclub.com

APRIL
Abu Dhabi Desert Challenge 📙 D 6
Cross-Country-Championship-Rennen im Bereich der Liwa-Oasen und der Moreeb Hills.
1 Woche Ende März/Anfang April • Liwa-Oasen, Abu Dhabi Deserts • www.abudhabidesertchallenge.com

OKTOBER–MÄRZ
Abu Dhabi Classics ▸ Klappe vorne, a 1
Staatsorchester und Tenöre aus Europa, große Namen wie neue Talente geben Konzerte im Emirates Palace

Auditorium und spielen open air im Jahili Fort in Al Ain.
Abu Dhabi-Stadt und Al Ain • www.abudhabiclassics.com

NOVEMBER
Abu Dhabi Art Fair   E 3
Documenta des Nahen Ostens: Internationale Galerien und arabische Künstler stellen ihre Arbeiten aus.
4 Tage Anfang November • Saadiyat Island, Manarat Al Saadiyat, Saadiyat Cultural District • www.abudhabi artfair.ae

Etihad Airways Abu Dhabi Grandprix   E 3
Die Welt schaut nach Abu Dhabi: die Formel 1 am Arabischen Golf auf dem Yas Marina Circuit.
3 Tage im November • Yas Island • www.yasmarinacircuit.ae

DEZEMBER
UAE National Day
Beim zweitägigen Fest zum Nationalfeiertag der VAE wird Abu Dhabi-Stadt mit Tausenden von Lichtern illuminiert; Veranstaltungen, Flugschauen und Feuerwerk.
2. Dezember • Abu Dhabi-Stadt, Corniche

GELD
1 Dh .... 0,22 €/0,25 SFr
1 € .... 4,52 Dh
1 SFr .... 3,92 Dh

Die Währung der Vereinigten Arabischen Emirate ist der Dirham (Dh, AED), unterteilt in 100 Fils. Sein Wert ist fest an den US-Dollar gebunden (1 US-$ = 3,67 Dh). In den VAE werden Kreditkarten fast überall akzeptiert, Geldautomaten (ATM) findet man bei Banken und in Shoppingmalls. Für Geldwechsel empfiehlt sich statt der Bank ein sog. »money exchange«, ein Geldwechselbüro; dort ist der Kurs günstiger als im Hotel und der Tausch schneller als in der Bank.

GUTSCHEINE
Ein Gutscheinbuch »The Entertainer Abu Dhabi« mit Gutscheinen für Restaurants, Cafés, Wüstentouren, Spas etc. erhält man in Buchhandlungen; es kostet 395 Dh und bietet Vergünstigungen (meist »2 for 1«) in 264 Einrichtungen.
www.theentertainerme.com

KLEIDUNG
Leichte Kleidung (Leinen, Baumwolle) ist empfehlenswert, dazu eine Sonnenbrille und ein Sonnenhut bzw. eine Kappe, die vor allzu starker Sonneneinstrahlung schützen. Im Winter ist ein Pullover für den Abend hilfreich. Das ganze Jahr über sind die Hotels und Restaurants, teilweise auch die Shoppingmalls, stark gekühlt – eine leichte Jacke bzw. für Frauen die Mitnahme eines Pashmina-Tuchs ist deshalb ratsam. Die islamischen Kleidersitten müssen respektiert werden, d. h., Frauen sollten Kleidung meiden, die eng anliegend, knapp, kurz oder gar durchsichtig ist, und Männer sollten lange Hosen tragen, wenn sie das (Strand-)Hotel verlassen.

LINKS
www.visitabudhabi.ae
Die offizielle Webseite des Emirats Abu Dhabi informiert (auch in Deutsch) über alle touristischen Aspekte, die für Besucher relevant sind. Die Webseite verfügt auch über eine Hotelbuchungsfunktion.

www.uaeinteract.com
Offizielle Webseite der VAE mit umfassenden Informationen über das Land und seine Geschichte, mit Nachrichten und touristischen Hinweisen (auch in Deutsch).

www.ead.ae
Die Environment Agency Abu Dhabi informiert über ihre Projekte zum Umweltschutz und der Förderung der Tierwelt.

www.arabianwildlife.com
Überblick über die Tier- und Pflanzenwelt der Wüste.

www.adnh.com
Die Webseite der Abu Dhabi National Hotels Company informiert über Unterkünfte und Touren.

www.frugalexpat.com
Die Bewertung eines Restaurantbesuches, die Diskussion, wohin man am Wochenende von Abu Dhabi aus zur Erholung fährt: Wer im Emirat wohnt oder längere Zeit dort unterwegs ist, kann auf der Webseite von Frugal Expat mit Blog so manche Anregung finden.

www.abudhabiwoman.com
Eine informative Webseite von Frauen für Frauen, die in Abu Dhabi leben und arbeiten.

MEDIZINISCHE VERSORGUNG

Wegen der strengen Hygienestandards und -kontrollen ist das Gesundheitsrisiko auch in einfachen Restaurants äußerst gering. Auch Leitungswasser ist überall einwandfrei und trinkbar; da es sich dabei jedoch um entsalztes Meerwasser handelt, weicht man in der Regel auf das in den Hotels bereitgestellte Mineralwasser aus.

Impfungen sind nicht vorgeschrieben, doch ist ein Schutz gegen Tetanus und Polio durchaus empfehlenswert. Auch ein Mittel gegen Darmerkrankungen sollte man wegen der ungewohnten Gewürze und Speisen mit sich führen.

KRANKENVERSICHERUNG

Der Abschluss einer Auslandsreisekrankenversicherung vor Reiseantritt ist ratsam.

KRANKENHAUS

Abu Dhabi verfügt über ein Gesundheitssystem auf hohem Niveau. Staatliche Krankenhäuser (»hospitals«) sind zuständig für Erst- und Notfallversorgung.

Al Noor Hospital ► Klappe vorne, e 2
Abu Dhabi-Stadt, Al Khalidiya, Khalifa Street (neben National Bank of Abu Dhabi) • Tel. 02/ 6 26 52 65 • www.alnoorhospital.com

APOTHEKEN

In den Shoppingmalls finden sich Apotheken (»pharmacy«) bzw. entsprechende Abteilungen in Drogerien (z. B. »Boots«). Apotheken sind in der Regel von 9–22 Uhr, teilweise auch 24 Stunden täglich geöffnet.

Al Manara Pharmacy
► Klappe vorne, b 2
Abu Dhabi-Stadt, Subway Bldg., Al Khalidiya, Zayed 1st Street (Elektra Road) • Tel. 02/6 81 50 80

NEBENKOSTEN

1 Tasse Cappuccino	16 Dh (3,56 €)
1 Dose Bier	36 Dh (8,20 €)
1 Dose Cola	3 Dh (0,66 €)
1 Schachtel Zigaretten	17 Dh (3,78 €)
1 Taxifahrt (pro km)	1,60 Dh (ca. 0,43 €)
1 Liter Benzin	2,35 Dh (ca. 0,52 €)
Mietwagen/Tag	30–45 €)

NOTRUF
Polizei 999 (alle Notrufe)
Feuerwehr 997
Rettungsdienst 998

POST
Briefmarken, um Postkarten in die Heimat zu frankieren, erhält man entweder in den Postfilialen oder im Hotel und oft auch direkt vom Postkartenverkäufer. Eine Postkarte nach Europa kostet 4 Dh Porto. Die (roten) Briefkästen sieht man überall, einfacher ist es, seine Ansichtskarten im Hotel abzugeben, das für den Weitertransport sorgt.

REISEDOKUMENTE
Deutsche, Österreicher und Schweizer können mit einem Reisepass einreisen, der mindestens noch sechs Monate nach dem beabsichtigten Ausreisetermin gültig ist. Kinder benötigen ein eigenes Reisedokument. Bei der Einreise wird ein kostenloses Visum (»visit visa on arrival«) für 30 Tage erteilt.

REISEKNIGGE
Unter Strafe gestellt ist es, sich alkoholisiert in der Öffentlichkeit zu bewegen. Männliche Touristen sollten auf keinen Fall einheimische moslemische Frauen ansprechen oder fotografieren. Touristinnen sollten nur in Kleidung unterwegs sein, die Arme und Beine weitgehend bedecken. An Stränden (auch solchen vor Strandhotels) ist »oben ohne« ein absolutes Tabu. Im Restaurant isst man im Beisein von Einheimischen nur mit der rechten Hand, die linke gilt als »unrein«. Wüstentouren mit dem Leihwagen sollte man aus Sicherheitsgründen nur mit einem einheimischen Reiseleiter bzw. im

Konvoi (d. h. mit mindestens zwei Autos) unternehmen. Während des Ramadan sind Essen, Trinken oder Rauchen in der Öffentlichkeit zu vermeiden. Auf Märkten oder im Souk kann gehandelt werden, in Shoppingmalls und Geschäften ist dies nicht möglich bzw. unüblich. Der Austausch von Zärtlichkeiten gehört in diesem Kulturkreis ausschließlich in den privaten Bereich.

REISEVERANSTALTER
Touren nach Al Ain, in die Wüste (auch mit Dinner im Camp), in andere Emirate, mit dem Boot um Abu Dhabi-Stadt, Kamelreiten und Stadtrundfahrten bieten:

Arabian Adventures ▸ Klappe vorne, e 2
Abu Dhabi-Stadt, Emirates Travel Shop, Corniche East Road •
Tel. 02/6 91 17 11 • www.arabian-adventures.com

Net Tours   ▸ Klappe vorne, e 2
Abu Dhabi-Stadt, Khalifa Street, gegenüber Sheraton-Hotel • Tel. 02/6 79 46 56 • www.nettoursuae.ae

Sunshine Tours   ▸ S. 68, b4
Abu Dhabi-Stadt, Abu Dhabi National Hotels Company, 4th Street/33rd Street • Tel. 02/4 44 99 14 • www.adnh.com

REISEWETTER
Die Temperaturen steigen am Arabischen Golf zwischen Mai und September auf über 40 °C. Die weit angenehmere Reisezeit liegt zwischen Oktober und April, dann bewegen sich die Tagestemperaturen um 25 °C mit seltenen Regenschauern, die durchschnittlich an fünf Tagen im Jahr niedergehen.

SICHERHEIT

Diebstahl, Einbruch in den Mietwagen, Betrügereien im Restaurant und sonstige Kleinkriminalität kommen in Abu Dhabi praktisch nicht vor. Die Einheimischen haben dies nicht nötig, und die Gastarbeiter riskieren bereits bei geringfügigen Vergehen den Landesverweis. Selbst aufdringliches Ansprechen weiblicher Touristen und Bettelei werden verfolgt. Man kann sich daher – auch als alleinreisende Frau – überall und Tag und Nacht absolut sicher fühlen, vorausgesetzt, man bewegt sich im Einklang mit den Sitten und Gebräuchen des Landes.

STROM

Die elektrische Spannung beträgt 220/240 Volt. Für Steckdosen wird ein dreipoliger Adapter benötigt.

TELEFON

VORWAHLEN

VAE ▸ D 00 49
VAE ▸ A 00 43
VAE ▸ CH 00 41
D, A, CH ▸ VAE 0 09 71

VORWAHLEN INNERHALB DER VAE
Abu Dhabi 02
Ajman 06
Al Ain 03
Dubai 04
Fujairah 09
Khor Fakkan 09
Ras Al Khaimah 07
Sharjah 06
Umm Al Quwain 06

MOBILTELEFONE

Die Provider »Etisalat« (Tel. 101, www.etisalat.ae) und »du« (Tel. 155, www.du.ae) bieten in ihren Filialen am Flughafen und in der Stadt eine für Touristen zugeschnittene lokale SIM-Karte an, die bis 90 Tage gültig ist und ein Gesprächs- und SMS-Guthaben umfasst. Die entsprechenden Angebote sind preiswert und wechseln häufig, sie liegen oft bei rund 80 Dh mit 20 Dh Guthaben.

TRINKGELD

Trinkgeld wird in der Regel nicht erwartet; im Taxi rundet man geringfügig auf. Gepäckträger am Flughafen und im Hotel (»bell boy«) erhalten 3 bis 5 Dh pro Gepäckstück. Im Restaurant ist das Bedienungsgeld (10 % »service charge«) in der Regel in der Rechnung inklusive.

VERKEHR

FERNBUSSE

Fernbusse verkehren zwischen Abu Dhabi-Stadt und Dubai sowie nach

Klima (Mittelwerte)	JAN	FEB	MÄR	APR	MAI	JUN	JUL	AUG	SEP	OKT	NOV	DEZ
Tages-temperatur	21	21	24	30	34	36	38	39	37	33	27	22
Nacht-temperatur	14	15	17	18	22	25	28	29	25	22	21	16
Sonnen-stunden	8	8	8	9	11	13	13	12	12	10	9	8
Regentage pro Monat	1	2	3	0	1	0	0	0	0	0	3	2
Wasser-temperatur	19	19	23	27	27	27	29	32	27	27	25	24

Al Ain und Medinat Zayed/Mezirah, auch zwischen Al Ain und Dubai. Der Busbahnhof von Abu Dhabi-Stadt liegt an der Ecke East Street (4th Street) mit Hazaa Bin Zayed the 1st Street (11th Street). Emirates Express (6–22 Uhr) fährt nach Dubai (25 Dh), eine Fahrt nach Al Ain kostet 20 Dh.

INLANDFLÜGE

Rotana Jet fliegt dreimal wöchentlich vom Stadtflughafen Al Bateen in Abu Dhabi-Stadt auf die Insel Sir Bani Yas. Der einfache Flug (mit 50 Sitzplätzen) dauert 25–30 Minuten und kostet 200 Dh. Weitere Flüge nach Fujairah und Al Ain starten am Abu Dhabi International Airport.

MIETWAGEN

Für Rundreisen im Emirat Abu Dhabi, nach Dubai/Sharjah und zu den nördlichen Emiraten empfiehlt sich ein Mietwagen. Die Straßen sind hervorragend, die Emirate durch Autobahnen verbunden, auch vorbildlich (und zweisprachig) ausgeschildert, der Verkehr fließt, Staus gibt es nur in Dubai und Sharjah bzw. zwischen diesen beiden Emiraten. Die Preise für Mietwagen betragen ab 200 € pro Woche. In den VAE benötigt man nur einen nationalen Führerschein, doch bei Touren von Al Ain ins benachbarte Oman ist ein internationaler Führerschein erforderlich.

In den Städten gilt ein Tempolimit von 50/60 km/h, auf Stadtautobahnen von 80 km/h und außerhalb der Städte von 120 km/h – besonders »locals« halten sich an diese Vorgaben jedoch nur selten. Leihwagen produzieren einen schrillen Piepton, wenn die Geschwindigkeit 120 km/h überschritten wird. Die Verkehrsregeln ähneln denen in Europa. Viele Straßenkreuzungen wurden durch einen Kreisverkehr (»Roundabout«, »R/A«) und durch Überführungen (»flyover«) ersetzt (wer sich im Kreis befindet, hat Vorfahrt). Die Promillegrenze liegt bei null. Bei einem Unfall muss in jedem Fall auf die Polizei gewartet werden.

Für Geländewagen gilt: Vierradantrieb schützt nicht vor Pannen in der Wüste. Die Festigkeit des Sandes ist für Laien schwer einzuschätzen, und auch 4 x 4 kann stecken bleiben.

Am besten fährt man, wenn man den Mietwagen schon zu Hause im Internet bucht.

STADTBUSSE

Zahlreiche moderne und klimatisierte Busse fahren innerhalb der Stadt auf unterschiedlichen Routen und auch zu den Vororten von Abu Dhabi-Stadt. Eine einfache Fahrt kostet 1 Dh, den man in eine Box beim Fahrer wirft. Ein Verzeichnis der Buslinien und Fahrpläne findet man bei www.ojra.ae.

TAXI

Taxis gibt es reichlich und zu äußerst niedrigen Preisen, wenn man darauf achtet, dass das Taxameter eingeschaltet ist. Die alten gold-weißen Taxis (die oft den Fahrern gehören) werden gegenwärtig durch moderne silberfarbene Taxis von Taxigesellschaften ersetzt. Die Grundgebühr beträgt 3,50 Dh, nach einem Kilometer kostet die Fahrt dann 1,6 Dh pro km; der Mindestfahrpreis liegt bei 10 Dh. Nachts (zwischen 22 und 6 Uhr) sind die Preise etwas höher. Taxistände gibt es vor Shoppingmalls, in der Regel hält man die Taxis aber an der Straße an. Die neuen Taxis lassen sich darüber hinaus auch telefonisch ordern. Spezielle Frauentaxis (»ladies taxi«) erkennt man am rosa Dach oder dem Dachaufsatz bzw. dem Fahrer – dabei handelt es sich stets um eine Frau.

ZEITUNGEN UND ZEITSCHRIFTEN
Englischsprachige Tageszeitungen sind die »Khaleej Times« und »Gulf News«. »TimeOut Abu Dhabi« erscheint wöchentlich (Preis: 5 Dh) und informiert über Restaurants, Freizeitangebote und Veranstaltungen (www.timeoutabudhabi.com). »Abu Dhabi Week« ist ein Magazin, das Informationen über Hotels, Einkaufen und Veranstaltungen enthält, es erscheint wöchentlich und ist kostenlos.

ZEITVERSCHIEBUNG
In den VAE gilt MEZ + 2 Std. im Sommer, MEZ + 3 Std. im Winter.

ZOLL
Nach Abu Dhabi können 400 Zigaretten oder 50 Zigarren oder 500 g Tabak, 2 l Spirituosen und 2 l Wein sowie Geschenke bis 3000 Dh (600 €) zollfrei eingeführt werden: Die Einfuhr von pornografischen Artikeln (auch freizügige Illustrierte) ist nicht erlaubt. Nach Sharjah darf außerdem kein Alkohol eingeführt werden.

Reisende aus Deutschland und Österreich dürfen Waren im Wert von 300 €, bei Flug- bzw. Seereisen von 430 € (Jugendliche: 175 €) abgabenfrei mit nach Hause nehmen, Reisende aus der Schweiz im Wert von 300 SFr. Die Waren müssen für den privaten Gebrauch vorgesehen sein. Tabakwaren und Alkohol fallen nicht unter diese Wertgrenze und bleiben in bestimmten Mengen abgabenfrei (z. B. 200 Zigaretten oder 4 l Wein). Weitere Auskünfte unter www.zoll.de, www.bmf.gv.at/zoll

ENTFERNUNGEN (IN KM) ZWISCHEN WICHTIGEN ORTEN

	Abu Dhabi-Stadt	Al Ain	Mezirah (Liwa-Oasen)	Jebel Dhanna	Dubai	Sharjah	Ajman	Umm Al Quwain	Ras Al Khaimah	Fujairah
Abu Dhabi-Stadt	–	150	225	250	140	155	165	190	220	212
Al Ain	150	–	321	343	140	155	165	175	230	175
Mezirah (Liwa-Oasen)	225	321	–	215	320	335	345	365	420	435
Jebel Dhanna	250	343	215	–	350	365	375	400	450	470
Dubai	140	140	320	350	–	15	25	45	100	130
Sharjah	155	155	335	365	15	–	10	30	90	120
Ajman	165	165	345	375	25	10	–	20	60	115
Umm Al Quwain	190	175	365	400	45	30	20	–	60	130
Ras Al Khaimah	220	230	420	450	100	90	60	60	–	125
Fujairah	212	175	435	470	130	120	115	130	125	–

Orts- und Sachregister

Wird ein Begriff mehrfach aufgeführt, verweist die **halbfett** gedruckte Zahl auf die Hauptnennung. Abkürzungen: Hotel [H], Restaurant [R]

Liebe Leserinnen und Leser,
vielen Dank, dass Sie sich für einen Titel aus unserer Reihe MERIAN *live!* entschieden haben. Wir freuen uns, Ihre Meinung zu diesem Reiseführer zu erfahren. Bitte schreiben Sie uns an merian@graefe-und-unzer.de, wenn Sie Berichtigungen und Ergänzungen haben – und natürlich auch, wenn Ihnen etwas ganz besonders gefällt.
Alle Angaben in diesem Reiseführer sind gewissenhaft geprüft. Preise, Öffnungszeiten usw. können sich aber schnell ändern. Für eventuelle Fehler übernimmt der Verlag keine Haftung.

© 2018 GRÄFE UND UNZER VERLAG GmbH, München
MERIAN ist eine eingetragene Marke der GANSKE VERLAGSGRUPPE.

1. Auflage 2018

Alle Rechte vorbehalten. Nachdruck, auch auszugsweise, sowie die Verbreitung durch Film, Funk, Fernsehen und Internet, durch fotomechanische Wiedergabe, Tonträger und Datenverarbeitungssysteme jeglicher Art nur mit schriftlicher Genehmigung des Verlages.

BEI INTERESSE AN DIGITALEN DATEN AUS DER MERIAN-KARTOGRAPHIE:
kartographie@graefe-und-unzer.de

BEI INTERESSE AN MASSGESCHNEI-DERTEN B2B-EDITIONEN:
gabriella.hoffmann@graefe-und-unzer.de

BEI INTERESSE AN ANZEIGEN:
KV Kommunalverlag GmbH & Co KG
Tel. 0 89/9 28 09 60
info@kommunal-verlag.de

GRÄFE UND UNZER VERLAG
Postfach 86 03 66
81630 München
www.merian.de
LESERSERVICE
merian@graefe-und-unzer.de
Tel. 00800 / 72 37 33 33*
Mo–Do: 9.00 – 17.00 Uhr
Fr: 9.00 – 16.00 Uhr
*(*gebührenfrei in D, A, CH)*
REDAKTION
Sylvia Hasselbach, Wilhelm Klemm
LEKTORAT UND SATZ
Beate Martin für bookwise, München
BILDREDAKTION
Nora Goth
HERSTELLUNG
Renate Hutt
REIHENGESTALTUNG
La Voilà, Marion Blomeyer & Alexandra Rusitschka, München und Leipzig
Independent Medien Design, Horst Moser, München
KARTEN
Kunth Verlag GmbH & Co. KG für MERIAN-Kartographie
DRUCK UND BINDUNG
Printer Trento, Italien

Ein Unternehmen der
GANSKE VERLAGSGRUPPE

PEFC/18-31-506

BILDNACHWEIS
Titelbild (Sheikh Zayed Grand Mosque), AWL Images: M. Colombo
akg-images: B. Pzrousse 59 • AWL Images: K. Kozlowski 15, 34, 42 • Bildagentur Huber: R. Schmid 7m, 9, 53, 76 • Corbis: A. Copson/JAI 20, F. von Poser/imagebroker 6, 40/41, Ocean 26 • ddp images: 100 • dpa picture Alliance: Arabian Eye 11 • Ferrari World Abu Dhabi: 36 • fotolia.com: FomaA 61, olgamaer 115r • gemeinfrei: 114r • Getty Images: D. Delimont 96_97, G. Newington/Photolibrary 67, K. Sahib/AFP 19, 81 • Glow Images: 28, Imagebroker 87, Prisma RM 51 • Hilton Al Ain: 84 • HUBER IMAGES: J. Huber 49 • imago: Marca 17 • INTERFOTO: P. Williams/imageBROKER 114l • laif: Bella/Keystone Schweiz 105, A. Hub 63, 83, Le Figaro Magazine 22/23, 44, T. Linkel 24, 32, 99, M. Sasse 7u, 70, 89, 91, 110/111, 112, S. Sonnet/hemis.fr 55 • mauritius images: age 13, Alamy 30, 75, J. Fuste Raga 57, United Archives 2, 93 • shutterstock: Dabarti CGI 115l, Lloyd Vas 4, Patryk Kosmider 21 • vario images: imagebroker 18, RHPL 7o, 47 • Wadi Adventurs: 39 • WTC Souk: 64